Mina Kumari

Tecido profundo: Tecer a IA no tecido da vida

Mina Kumari

Tecido profundo: Tecer a IA no tecido da vida

ScienciaScripts

Imprint

Any brand names and product names mentioned in this book are subject to trademark, brand or patent protection and are trademarks or registered trademarks of their respective holders. The use of brand names, product names, common names, trade names, product descriptions etc. even without a particular marking in this work is in no way to be construed to mean that such names may be regarded as unrestricted in respect of trademark and brand protection legislation and could thus be used by anyone.

Cover image: www.ingimage.com

This book is a translation from the original published under ISBN 978-620-7-80801-4.

Publisher:
Sciencia Scripts
is a trademark of
Dodo Books Indian Ocean Ltd. and OmniScriptum S.R.L publishing group

120 High Road, East Finchley, London, N2 9ED, United Kingdom
Str. Armeneasca 28/1, office 1, Chisinau MD-2012, Republic of Moldova, Europe
Printed at: see last page
ISBN: 978-620-8-13730-4

Tecido profundo: Tecer a IA no tecido da vida

Por

Dr. Mina Kumari

Universidade K.R. Mangalam, Sohna, Gurugram

Tecido profundo: Tecer a IA no tecido da vida

Prefácio

O surgimento da inteligência artificial (IA) marca uma das revoluções tecnológicas mais significativas da história da humanidade. Este livro, "Deep Fabric: Weaving AI into the Fabric of Life", é uma viagem através da intrincada tapeçaria da integração da IA no nosso quotidiano. Desde os cuidados de saúde e a educação até às finanças e ao entretenimento, a IA está a transformar a forma como vivemos, trabalhamos e interagimos. Este livro pretende explorar estas transformações, lançando luz sobre as oportunidades e os desafios que surgem com a adoção generalizada das tecnologias de IA.

Saudações calorosas,

Dr. Mina Kumari

Índice

Capítulo 1: Introdução à IA e ao seu contexto histórico

1.1 O nascimento da IA

As origens conceptuais

A ideia de inteligência artificial, máquinas que imitam as funções cognitivas humanas, tem raízes históricas profundas. Os primeiros mitos e lendas, como o mito grego de Talos - um autómato gigante construído para proteger Creta - e a lenda judaica do Golem, reflectem o fascínio de longa data da humanidade pela criação de máquinas semelhantes à vida.

Os primeiros autómatos mecânicos

Nos períodos medieval e renascentista, os inventores e engenheiros construíram autómatos mecânicos. Estas primeiras máquinas, como o monge mecânico e as intrincadas figuras de relojoaria criadas por artesãos europeus, foram concebidas para executar tarefas específicas e entreter a realeza. Embora não possuíssem qualquer forma de verdadeira inteligência, lançaram as bases para o desenvolvimento concetual da IA, demonstrando o potencial das máquinas para imitarem as acções humanas.

Fundamentos teóricos

A busca formal da inteligência artificial começou no século XX, com base em teorias filosóficas e matemáticas sobre lógica e computação. As principais figuras e os seus contributos incluem:

- **Alan Turing:** No seu artigo de 1950, "Computing Machinery and Intelligence", Turing colocou a questão fundamental: "Podem as máquinas pensar?". Introduziu o conceito do Teste de Turing, um critério para determinar se uma máquina exibe um comportamento inteligente indistinguível de um humano.

- **John von Neumann:** O trabalho de Von Neumann sobre máquinas auto-replicantes e autómatos celulares permitiu compreender como sistemas e padrões complexos podem surgir a partir de regras simples, influenciando a investigação inicial sobre IA.

A Conferência de Dartmouth

O domínio da IA nasceu formalmente na Conferência de Dartmouth, em 1956, organizada por John McCarthy, Marvin Minsky, Nathaniel Rochester e Claude Shannon. Esta conferência reuniu um grupo de investigadores que acreditavam que "todos os aspectos da aprendizagem ou qualquer outra caraterística da inteligência podem, em princípio, ser descritos com tanta precisão que uma máquina pode ser criada para os simular".

Programas de IA precoce

Após a Conferência de Dartmouth, o desenvolvimento dos primeiros programas de IA acelerou-se:

- **Logic Theorist (1956):** Criado por Allen Newell e Herbert A. Simon, o Logic Theorist foi o primeiro programa de IA, concebido para provar teoremas matemáticos. Demonstrou que as máquinas podiam efetuar tarefas que exigiam um raciocínio semelhante ao humano.

- **General Problem Solver (1957):** Também desenvolvido por Newell e Simon, este programa tinha como objetivo imitar a resolução de problemas por humanos, utilizando métodos de pesquisa heurística.

IA simbólica e sistemas periciais

As décadas de 1960 e 1970 assistiram ao aparecimento da IA simbólica e dos sistemas especializados, que utilizavam abordagens baseadas em regras para imitar a perícia humana em domínios específicos:

- **ELIZA (1966):** Desenvolvido por Joseph Weizenbaum, o ELIZA foi um dos primeiros programas de processamento de linguagem natural que simulava conversações utilizando técnicas de correspondência e substituição de padrões.

- **MYCIN (década de 1970):** Um sistema especializado concebido para diagnóstico médico, o MYCIN utilizava um conjunto de regras para diagnosticar infecções bacterianas e recomendar tratamentos. Demonstrou o potencial da IA em domínios especializados.

Desafios e críticas

Apesar dos primeiros êxitos, a investigação em IA enfrentou desafios e críticas significativas. As limitações dos sistemas baseados em regras tornaram-se evidentes, uma vez que se debatiam com tarefas que exigiam bom senso, aprendizagem e adaptação. O "inverno da IA" das décadas de 1970 e 1980 assistiu a uma redução do financiamento e do interesse pela investigação em IA devido a estas limitações e ao facto de os primeiros sistemas de IA não terem cumprido as suas ambiciosas promessas.

O surgimento da aprendizagem automática

O ressurgimento da IA no final do século XX foi impulsionado pelo desenvolvimento de algoritmos de aprendizagem automática, que permitiram aos computadores aprender com os dados em vez de se basearem apenas em regras predefinidas:

- **Redes neuronais:** Inspiradas na estrutura do cérebro humano, as redes neuronais tornaram-se um ponto fulcral da investigação em IA. Os primeiros modelos, como o perceptron, lançaram as bases para as modernas técnicas de aprendizagem profunda.

- **Backpropagation (1986):** O desenvolvimento do algoritmo de retropropagação por Geoffrey Hinton, David Rumelhart e Ronald Williams permitiu o treino de redes neuronais de várias camadas, fazendo avançar significativamente as capacidades dos sistemas de IA.

A ascensão dos dados e do poder computacional

No século XXI, assistiu-se a uma explosão da disponibilidade de dados e da capacidade de computação, o que conduziu a rápidos avanços na IA:

- **Grandes volumes de dados:** A proliferação de dados digitais provenientes de várias fontes, como as redes sociais, os sensores e a Internet, fornece grandes quantidades de informação para treinar modelos de IA.

- **Unidades de processamento gráfico (GPUs):** A utilização de GPUs para processamento paralelo acelerou a formação de modelos complexos de IA, tornando viável a realização de tarefas mais sofisticadas.

Realizações contemporâneas da IA

Os sistemas modernos de IA alcançaram marcos notáveis, demonstrando capacidades que outrora se pensava serem do domínio exclusivo da inteligência humana:

- **AlphaGo (2016):** Desenvolvido pela DeepMind, o AlphaGo derrotou o campeão mundial de Go, demonstrando o poder da aprendizagem por reforço profundo.

- **GPT-3 (2020):** O modelo de linguagem GPT-3 da OpenAI, com 175 mil milhões de parâmetros, demonstrou uma compreensão e geração avançadas de linguagem natural, capaz de realizar uma vasta gama de tarefas linguísticas.

Conclusão

O nascimento e a evolução da IA reflectem um percurso de curiosidade intelectual, inovação tecnológica e esforços de colaboração que se estende por décadas. Dos primeiros autómatos mecânicos aos sofisticados algoritmos de aprendizagem automática, a IA percorreu um longo caminho. Compreender o seu contexto histórico ajuda-nos a apreciar a complexidade e o potencial da IA à medida que esta continua a fazer parte do tecido das nossas vidas. Os capítulos seguintes exploram a forma como a IA está a transformar vários domínios, destacando as oportunidades e os desafios que se avizinham.

1.2 Marcos no desenvolvimento da IA

A década de 1950: Fundamentos da IA

1950: Alan Turing e o Teste de Turing

Em 1950, Alan Turing publicou o seu artigo seminal "Computing Machinery and Intelligence", que propunha o Teste de Turing como uma medida da inteligência das máquinas. Este teste avalia a capacidade de uma máquina apresentar um comportamento inteligente indistinguível do de um ser humano. As ideias de Turing lançaram as bases conceptuais da IA e estimularam o interesse pela possibilidade de criar máquinas inteligentes.

1956: A Conferência de Dartmouth

A Conferência de Dartmouth, realizada no verão de 1956, é frequentemente considerada como o nascimento da IA enquanto domínio. Organizada por John McCarthy, Marvin Minsky, Nathaniel Rochester e Claude Shannon, a conferência reuniu os principais investigadores para discutir o potencial de criação de máquinas capazes de uma inteligência semelhante à humana. Este encontro formalizou o campo da IA e estabeleceu-o como uma área distinta de investigação científica.

A década de 1960: Os primeiros programas de IA e a IA simbólica

1961: UNIMATE - O primeiro robô industrial

O UNIMATE, desenvolvido por George Devol e Joseph Engelberger, tornou-se o primeiro robô industrial a trabalhar numa linha de montagem da General Motors em 1961. Este facto marcou o início da integração da IA e da robótica no fabrico, revolucionando os processos de produção.

1966: ELIZA - O primeiro chatbot

Joseph Weizenbaum criou o ELIZA, um dos primeiros programas de processamento de linguagem natural capaz de simular uma conversa com um ser humano. O ELIZA utilizava técnicas de correspondência e substituição de padrões para criar a ilusão de compreensão, demonstrando o potencial da IA na interação homem-computador.

A década de 1970: Sistemas Periciais e o inverno da IA

1970s: Desenvolvimento de sistemas especializados

A década de 1970 assistiu ao aparecimento dos sistemas periciais, que utilizavam abordagens baseadas em regras para imitar a perícia humana em domínios específicos. Exemplos notáveis incluem:

- MYCIN: Um sistema pericial concebido para diagnosticar infecções bacterianas e recomendar tratamentos, o MYCIN utilizou um conjunto de regras para emular o processo de tomada de decisão de um perito humano.

- **DENDRAL:** Um dos primeiros programas de IA utilizados para análise química, o DENDRAL ajudou os químicos a identificar moléculas orgânicas desconhecidas através da análise de dados de espetrometria de massa.

Final da década de 1970 e início da década de 1980: O primeiro inverno da IA

Apesar dos sucessos iniciais, a investigação em IA enfrentou desafios significativos, como as limitações dos sistemas baseados em regras e os elevados custos de desenvolvimento e manutenção de sistemas especializados. Estas questões levaram a um período de redução do financiamento e do interesse pela IA, conhecido como o "inverno da IA".

A década de 1980: Redes neurais e interesse renovado

1986: O Algoritmo de retropropagação

O desenvolvimento do algoritmo de retropropagação por Geoffrey Hinton, David Rumelhart e Ronald Williams revitalizou o interesse pelas redes neuronais. O backpropagation permitiu o treino eficiente de redes neuronais multicamadas, melhorando significativamente o seu desempenho e permitindo aplicações de IA mais complexas.

1987: Introdução da aprendizagem por reforço

Richard Sutton e Andrew Barto introduziram a aprendizagem por reforço, um método em que os agentes aprendem a tomar decisões recebendo recompensas ou penalizações com base nas suas acções. Esta abordagem tornou-se fundamental para muitos sistemas de IA, incluindo os utilizados em robótica, jogos e veículos autónomos.

A década de 1990: A IA nos jogos e a Internet

1997: Deep Blue da IBM derrota Garry Kasparov

Em 1997, o Deep Blue da IBM, um computador que joga xadrez, derrotou o campeão mundial Garry Kasparov numa partida de seis jogos. Esta vitória demonstrou o poder da IA em jogos complexos e estratégicos e realçou o potencial da IA para superar os especialistas humanos em tarefas específicas.

1990s: A IA e a Internet

O surgimento da Internet na década de 1990 proporcionou aos investigadores de IA grandes quantidades de dados e novas oportunidades para aplicações de IA. Começaram a surgir motores de pesquisa, sistemas de recomendação e formas iniciais de serviços de IA baseados na Web, lançando as bases para futuros avanços.

A década de 2000: Aprendizagem automática e grandes volumes de dados

2006: O advento da aprendizagem profunda

Geoffrey Hinton e os seus colegas publicaram um artigo em 2006 sobre redes de crenças profundas, marcando o início da revolução da aprendizagem profunda. A aprendizagem profunda, um subconjunto da aprendizagem automática que utiliza redes neuronais com muitas camadas, tornou-se desde então uma abordagem dominante na investigação e nas aplicações de IA.

2009: Projeto de carro autónomo da Google

A Google lançou o seu projeto de carros autónomos em 2009, utilizando tecnologias de IA como a visão por computador, a fusão de sensores e a aprendizagem automática para desenvolver veículos autónomos. Este projeto demonstrou o potencial da IA para revolucionar os transportes e a mobilidade.

A década de 2010: Conquistas e omnipresença da IA

2011: IBM Watson vence o Jeopardy!

O Watson da IBM, um sistema de IA concebido para a compreensão da linguagem natural e a recuperação de informações, venceu o programa de perguntas e respostas Jeopardy! em 2011, derrotando dois dos maiores campeões do programa. A vitória do Watson demonstrou avanços significativos no processamento de linguagem natural e na capacidade da IA para lidar com consultas complexas.

2014: O AlphaGo da DeepMind

Em 2014, a DeepMind apresentou o AlphaGo, um programa que utilizou a aprendizagem profunda e a aprendizagem por reforço para dominar o jogo de Go. A vitória do AlphaGo sobre o campeão mundial Lee Sedol em 2016 constituiu um marco na IA, uma vez que o Go é um jogo altamente complexo com mais jogadas possíveis do que átomos no universo.

2015: A ascensão dos assistentes de IA

Em meados da década de 2010, assistiu-se à adoção generalizada de assistentes virtuais alimentados por IA, como o Siri da Apple, o Alexa da Amazon e o Assistente da Google. Estes sistemas utilizam o processamento da linguagem natural e a aprendizagem automática para interagir com os utilizadores, realizar tarefas e fornecer informações, integrando a IA na vida quotidiana.

A década de 2020: Estado atual da IA e direcções futuras

2020: GPT-3 e modelos linguísticos avançados

O GPT-3 da OpenAI, um modelo linguístico de última geração com 175 mil milhões de parâmetros, foi lançado em 2020. O GPT-3 demonstrou capacidades avançadas de compreensão e geração de linguagem natural, capaz de realizar uma vasta gama de tarefas linguísticas com um mínimo de afinação. Esta descoberta pôs em evidência o potencial dos modelos de grande escala para o avanço da IA.

2021 e mais além: IA nos cuidados de saúde, finanças e muito mais

A IA continua a fazer progressos em vários sectores, incluindo os cuidados de saúde, as finanças e o entretenimento. Aplicações como o diagnóstico baseado em IA, a medicina personalizada, o comércio algorítmico e a criação de conteúdos estão a transformar as indústrias e a sociedade. O desenvolvimento contínuo das tecnologias de IA promete trazer mais avanços e integração na vida quotidiana.

Conclusão

Os marcos no desenvolvimento da IA reflectem um percurso de descoberta, inovação e perseverança. Desde os primeiros conceitos teóricos até aos avanços modernos da aprendizagem profunda, a IA evoluiu significativamente ao longo das décadas.

Compreender estes marcos ajuda-nos a apreciar a complexidade e o potencial da IA à medida que esta continua a moldar o futuro. Os capítulos seguintes irão explorar a forma como a IA está a transformar vários domínios, destacando as oportunidades e os desafios que se avizinham.

1.3 Compreender a IA: definições e tipos

Definições de IA

A Inteligência Artificial (IA) refere-se à simulação de processos de inteligência humana por máquinas, especialmente sistemas informáticos. Estes processos incluem a aprendizagem (a aquisição de informação e de regras de utilização da informação), o raciocínio (a utilização de regras para chegar a conclusões aproximadas ou definitivas) e a auto-correção.

Elementos-chave da IA:

- **Aprendizagem:** Os sistemas de IA podem adquirir e aplicar conhecimentos. Isto inclui a aprendizagem supervisionada, a aprendizagem não supervisionada e a aprendizagem por reforço.

- **Raciocínio:** Os sistemas de IA podem tirar conclusões a partir de dados e tomar decisões.

- **Auto-correção:** Os sistemas de IA podem melhorar ao longo do tempo com base no feedback e em novos dados.

Ramos da IA:

1. **IA estreita (IA fraca):** A IA que é concebida e treinada para uma tarefa específica ou um conjunto restrito de tarefas. Os exemplos incluem assistentes virtuais como a Siri e a Alexa, sistemas de recomendação e software de reconhecimento de imagem.

2. **IA geral (IA forte):** IA com a capacidade de compreender, aprender e aplicar conhecimentos numa vasta gama de tarefas a um nível comparável ao da inteligência humana. A IA geral continua a ser largamente teórica e ainda não foi concretizada.

Tipos de IA

1. Máquinas reactivas: As máquinas reactivas são o tipo mais básico de sistemas de IA. Só podem reagir a situações actuais com base em regras pré-programadas e não têm a capacidade de formar memórias ou utilizar experiências passadas para influenciar decisões presentes.

- **Exemplo:** O Deep Blue da IBM, o computador de xadrez que derrotou Garry Kasparov, é um exemplo clássico. Conseguia identificar as peças num tabuleiro de xadrez e fazer previsões, mas não tinha memória de jogos anteriores.

2. Memória limitada: Os sistemas de IA de memória limitada podem utilizar experiências passadas para informar decisões futuras. Estes sistemas são capazes de reter dados durante um curto período de tempo e utilizá-los para tomar melhores decisões.

- **Exemplo:** Os automóveis com condução autónoma utilizam IA de memória limitada. Observam a velocidade e a direção dos outros carros ao longo do tempo e utilizam estes dados para tomar decisões, como por exemplo quando mudar de faixa.

3. Teoria da mente: A IA de teoria da mente representa um tipo mais avançado de IA que pode compreender e interpretar as emoções, crenças, intenções e interações sociais humanas. Este tipo de IA ainda está em fase de investigação e ainda não foi totalmente desenvolvido.

- **Aplicação potencial:** Sistemas de IA que interagem com os seres humanos a nível social, como robôs terapêuticos ou assistentes pessoais avançados capazes de empatia.

4. IA autoconsciente: A IA autoconsciente representa o auge do desenvolvimento da IA, em que as máquinas possuem autoconsciência, consciência e a capacidade de compreender a sua própria existência. Este tipo de IA é puramente teórico e continua a ser um tópico de especulação e debate ético.

Principais tecnologias de IA

1. Aprendizagem automática (ML): A aprendizagem automática é um subconjunto da IA que se centra no desenvolvimento de algoritmos que permitem aos computadores aprender e fazer previsões com base em dados.

- **Aprendizagem supervisionada:** O algoritmo é treinado em dados rotulados, o que significa que cada exemplo de treino é emparelhado com um rótulo de saída.

- **Aprendizagem não supervisionada:** O algoritmo recebe dados sem instruções explícitas sobre o que fazer com eles, permitindo que a máquina identifique padrões e relações.

- **Aprendizagem por reforço:** O algoritmo aprende através da interação com um ambiente, recebendo recompensas ou penalizações com base nas suas acções.

2. Aprendizagem profunda: A aprendizagem profunda é um subconjunto da aprendizagem automática que utiliza redes neuronais com muitas camadas (redes neuronais profundas) para modelar padrões complexos nos dados.

- **Aplicações:** Reconhecimento de imagem e de voz, processamento de linguagem natural e condução autónoma.

3. Processamento de linguagem natural (PNL): A PNL é um ramo da IA que lida com a interação entre computadores e seres humanos através da linguagem natural. O objetivo da PNL é permitir que os computadores compreendam, interpretem e gerem linguagem humana de uma forma valiosa.

- **Aplicações:** Tradução de línguas, análise de sentimentos, chatbots e sistemas de reconhecimento de voz.

4. Visão por computador: A visão por computador é um domínio da IA que permite aos computadores interpretar e tomar decisões com base em dados visuais do mundo. Envolve métodos de aquisição, processamento, análise e compreensão de imagens e vídeos digitais.

- **Aplicações:** Reconhecimento facial, análise de imagens médicas, veículos autónomos e sistemas de vigilância.

5. Robótica: A robótica é um domínio da IA que se centra na conceção e criação de robôs, que são máquinas capazes de realizar automaticamente tarefas complexas.

- **Aplicações:** Robôs de fabrico, robôs médicos, robôs de serviço e robôs exploradores utilizados em missões espaciais ou em ambientes perigosos.

Considerações éticas e sociais

1. Preconceito e equidade: Os sistemas de IA podem herdar preconceitos dos dados com que são treinados, conduzindo a resultados injustos ou discriminatórios. Garantir a equidade e atenuar os preconceitos é um desafio crítico no desenvolvimento da IA.

2. Privacidade e segurança: A utilização generalizada da IA suscita preocupações sobre a privacidade e a segurança dos dados. É essencial proteger as informações pessoais e impedir o acesso não autorizado aos sistemas de IA.

3. Deslocação de postos de trabalho: A automatização de tarefas através da IA pode levar à deslocação de postos de trabalho em determinados sectores. Abordar os impactos económicos e sociais da IA na força de trabalho é uma preocupação constante.

4. Utilização ética: O desenvolvimento e a implantação da IA devem obedecer a diretrizes éticas para garantir que as tecnologias de IA sejam utilizadas de forma responsável e não prejudiquem os indivíduos ou a sociedade.

Conclusão

Compreender as definições e os tipos de IA, juntamente com as tecnologias subjacentes, é crucial para perceber como a IA está a ser integrada no tecido da vida. À medida que a IA continua a evoluir, apresenta tanto oportunidades notáveis como desafios significativos. Os capítulos seguintes irão aprofundar a forma como a IA está a transformar vários sectores e o que isso significa para o futuro.

1.4 Considerações e desafios éticos

medida que as tecnologias de inteligência artificial (IA) se integram cada vez mais em vários aspectos da vida, surgem considerações e desafios éticos que devem ser abordados para garantir uma utilização responsável e benéfica da IA. Esta secção explora as principais questões e desafios éticos associados à IA, juntamente com potenciais soluções e enquadramentos para gerir estas preocupações.

Privacidade e segurança dos dados

1.1 Recolha de dados e consentimento Os sistemas de IA dependem frequentemente de grandes quantidades de dados, incluindo informações pessoais, para funcionarem eficazmente. Isto levanta questões sobre a forma como os dados são recolhidos, armazenados e utilizados. As principais preocupações incluem:

- **Consentimento informado:** Os utilizadores devem ser plenamente informados sobre os dados que estão a ser recolhidos e a forma como serão utilizados, garantindo que o seu consentimento é obtido de forma transparente.

- **Minimização de dados:** Só devem ser recolhidos os dados necessários para atingir o objetivo pretendido, reduzindo o risco de utilização indevida.

1.2 Proteção e segurança dos dados Garantir a segurança dos dados recolhidos é fundamental para evitar o acesso não autorizado e as violações. As estratégias incluem:

- **Encriptação:** Encriptação de dados em trânsito e em repouso para os proteger de acessos não autorizados.

- **Controlos de acesso:** Implementação de controlos de acesso rigorosos para garantir que apenas o pessoal autorizado pode aceder a dados sensíveis.

- **Auditorias regulares:** Realização de auditorias de segurança regulares para identificar e atenuar potenciais vulnerabilidades.

Preconceito e equidade

2.1 Enviesamento algorítmico Os sistemas de IA podem perpetuar ou mesmo exacerbar os enviesamentos presentes nos dados de treino, conduzindo a resultados injustos e discriminatórios. A abordagem do enviesamento algorítmico envolve:

- **Dados de treino diversificados:** Assegurar que os conjuntos de dados de formação são diversificados e representativos de diferentes populações para minimizar o enviesamento.

- **Ferramentas de deteção de enviesamento:** Desenvolvimento de ferramentas para detetar e medir o enviesamento em algoritmos e modelos de IA.

- **Monitorização regular:** Monitorizar continuamente os sistemas de IA para detetar resultados tendenciosos e efetuar os ajustamentos necessários.

2.2 Equidade na tomada de decisões da IA Garantir a equidade nos processos de tomada de decisões da IA é crucial, especialmente em áreas críticas como a contratação, o crédito e a aplicação da lei. Isto envolve:

- **Critérios transparentes:** Estabelecer critérios claros e transparentes para os processos de decisão da IA.

- **Métricas de equidade:** Utilização de métricas de equidade para avaliar e comparar o desempenho dos sistemas de IA em diferentes grupos demográficos.

- **Supervisão humana:** Incorporar a supervisão humana para rever e intervir nas decisões baseadas em IA, quando necessário.

Responsabilidade e transparência

3.1 Explicabilidade Os sistemas de IA, em particular os que se baseiam em modelos complexos como a aprendizagem profunda, podem ser opacos, tornando difícil compreender como chegam a decisões específicas. Garantir a explicabilidade envolve:

- **Modelos interpretáveis:** Desenvolver modelos de IA que sejam interpretáveis e forneçam informações sobre os seus processos de tomada de decisão.

- **Técnicas de IA explicáveis:** Utilização de técnicas como LIME (Local Interpretable Model-agnostic Explanations) e SHAP (SHapley Additive exPlanations) para tornar as decisões de IA mais compreensíveis.

3.2 Mecanismos de responsabilização O estabelecimento de mecanismos de responsabilização é essencial para responsabilizar os criadores e utilizadores de sistemas de IA pelas suas acções. Isto inclui:

- **Estruturas de governação claras:** Implementar estruturas de governação que definam funções, responsabilidades e responsabilização pelos sistemas de IA.

- **Diretrizes éticas:** Adoção de orientações e normas éticas para o desenvolvimento e a implantação da IA.

- **Supervisão legal e regulamentar:** Aplicar a supervisão legal e regulamentar para garantir o cumprimento das normas éticas e de segurança.

Deslocação de postos de trabalho e impacto económico

4.1 Automação e perda de emprego A automação impulsionada pela IA tem o potencial de deslocar postos de trabalho em várias indústrias, conduzindo a desafios económicos e sociais. A resolução do problema da deslocação de postos de trabalho implica:

- **Requalificação e atualização de competências:** Proporcionar oportunidades de requalificação e melhoria das competências dos trabalhadores para se adaptarem às novas funções criadas pelas tecnologias de IA.

- **Redes de segurança social:** Reforçar as redes de segurança social para apoiar os trabalhadores deslocados durante as transições.

- **Criação de emprego:** Promover a criação de novos postos de trabalho e indústrias que potenciem as tecnologias de IA.

4.2 Desigualdade económica A IA tem potencial para exacerbar a desigualdade económica, concentrando a riqueza e as oportunidades nas mãos de quem tem acesso a tecnologias avançadas. A atenuação da desigualdade económica exige:

- **Acesso inclusivo:** Garantir um acesso equitativo às tecnologias de IA e aos seus benefícios em diferentes comunidades e regiões.

- **Distribuição justa:** Implementação de políticas que promovam a distribuição justa dos ganhos económicos dos avanços da IA.

Utilização ética e impacto social

5.1 Desenvolvimento ético da IA O desenvolvimento de sistemas de IA que respeitem os princípios éticos é crucial para evitar danos e garantir um impacto social positivo. Isto inclui:

- **Quadros éticos:** Adoção de quadros e orientações éticas, como a Iniciativa Global do IEEE sobre Ética dos Sistemas Autónomos e Inteligentes.

- **Comités de ética:** Criação de comités de ética para supervisionar o desenvolvimento e a implantação da IA.

5.2 Impacto societal e bem público As tecnologias de IA devem ser desenvolvidas e utilizadas de forma a promover o bem público e a enfrentar os desafios societais. Isto implica:

- **Envolvimento do público:** Envolver o público em debates sobre o impacto social da IA e incorporar o seu contributo nas políticas e na tomada de decisões.

- **Inovação responsável:** Incentivar a inovação responsável que tenha em conta as implicações e os benefícios a longo prazo para a sociedade.

Desafios legais e regulamentares

6.1 Quadros regulamentares O desenvolvimento de quadros regulamentares abrangentes para a IA é essencial para garantir a segurança, a equidade e a responsabilidade. Isto envolve:

- **Colaboração internacional:** Promover a colaboração internacional para desenvolver normas regulamentares harmonizadas para a IA.

- **Regulamentos adaptáveis:** Criar regulamentos adaptáveis que possam evoluir com os avanços tecnológicos.

6.2 Responsabilidade legal A determinação da responsabilidade legal por decisões e acções baseadas em IA é complexa e requer orientações claras. Isto inclui:

- **Quadros de responsabilidade:** Estabelecer quadros de responsabilidade que definam as responsabilidades dos criadores, utilizadores e fabricantes de IA.

- **Resolução de litígios:** Criação de mecanismos para a resolução de litígios relacionados com os sistemas de IA e o seu impacto.

Conclusão

As considerações éticas e os desafios associados à IA são multifacetados e exigem uma abordagem de colaboração que envolva tecnólogos, decisores políticos, especialistas em ética e o público. Abordar estas questões é crucial para garantir que as tecnologias de IA são desenvolvidas e implementadas de forma justa, transparente e benéfica para todos. Os capítulos seguintes irão aprofundar a forma como a IA está a transformar vários sectores, destacando tanto as oportunidades como os desafios que se avizinham.

Capítulo 2: IA nos cuidados de saúde: Uma nova era da medicina

2.1 Diagnósticos baseados em IA

Os diagnósticos baseados em IA representam um salto transformador no campo da medicina, melhorando a precisão, a velocidade e a acessibilidade da deteção e gestão de doenças. Ao tirar partido de algoritmos avançados, modelos de aprendizagem automática e vastos conjuntos de dados, a IA está a revolucionar a forma como os profissionais de saúde diagnosticam e tratam várias doenças. Esta secção analisa os principais aspectos do diagnóstico baseado na IA, incluindo as suas aplicações, benefícios, desafios e perspectivas futuras.

Aplicações da IA no diagnóstico

1. Análise de imagens médicas

A imagiologia médica é uma das áreas mais proeminentes em que a IA tem feito progressos significativos. Os algoritmos de IA podem analisar imagens de raios X, tomografias computorizadas, ressonâncias magnéticas e ultra-sons com uma precisão notável, excedendo frequentemente as capacidades humanas.

- **Radiologia:** Os sistemas de IA podem detetar anomalias como tumores, fracturas e infecções em imagens radiográficas. Por exemplo, a DeepMind da Google desenvolveu um modelo de IA que consegue identificar mais de 50 doenças oculares a partir de exames à retina com uma precisão de nível especializado.

- **Oncologia:** Ferramentas de IA como o IBM Watson for Oncology podem analisar lâminas de patologia e identificar células cancerígenas, ajudando na deteção precoce do cancro e em planos de tratamento personalizados.

2. Análise preditiva

A análise preditiva baseada em IA pode analisar os dados dos doentes para prever o início, a progressão e os resultados da doença. Estas ferramentas são especialmente úteis na gestão de doenças crónicas e na prevenção de complicações.

- **Cardiologia:** Os modelos de IA podem prever o risco de doenças cardíacas através da análise de registos de saúde electrónicos (EHR) e de factores relacionados com o estilo de vida. Algoritmos como os desenvolvidos pela Cleveland Clinic podem prever a insuficiência cardíaca e outros eventos cardiovasculares.

- **Gestão da diabetes:** Os sistemas de IA podem prever os níveis de açúcar no sangue e recomendar dosagens de insulina para doentes diabéticos, melhorando o controlo glicémico e reduzindo o risco de complicações.

3. Genómica e medicina de precisão

A IA desempenha um papel crucial na genómica, ajudando a descodificar a informação genética e a identificar mutações associadas a doenças. Esta informação é vital para o desenvolvimento de planos de tratamento personalizados adaptados aos perfis genéticos individuais.

- **Testes genéticos:** Os algoritmos de IA podem analisar dados genómicos para identificar predisposições genéticas para várias doenças, como o cancro da mama e a fibrose cística.

- **Desenvolvimento de medicamentos:** A análise genómica baseada em IA acelera a descoberta de medicamentos, identificando potenciais alvos de medicamentos e prevendo as respostas dos pacientes aos tratamentos.

4. Processamento de linguagem natural (PNL) em EHRs

Os algoritmos de PNL podem extrair informações valiosas de dados não estruturados em EHRs, tais como notas clínicas e relatórios de laboratório. Isto ajuda a criar perfis de pacientes abrangentes e a identificar padrões que podem indicar problemas de saúde.

- **Documentação clínica:** Ferramentas de IA como as desenvolvidas pela Nuance podem transcrever e interpretar automaticamente notas clínicas, reduzindo a carga administrativa dos prestadores de cuidados de saúde.

- **Monitorização dos doentes:** Os sistemas de PNL podem analisar os dados dos doentes para detetar sinais precoces de deterioração, permitindo intervenções atempadas e melhorando os resultados dos doentes.

Vantagens dos diagnósticos baseados em IA

1. Maior precisão e deteção precoce

Os sistemas de IA podem analisar dados médicos com elevada precisão, reduzindo a probabilidade de erros humanos e melhorando a exatidão dos diagnósticos. A deteção precoce de doenças, facilitada pela IA, conduz a um melhor prognóstico e a tratamentos mais eficazes.

2. Eficiência melhorada e otimização do fluxo de trabalho

Os diagnósticos baseados em IA simplificam os fluxos de trabalho clínicos, automatizando tarefas repetitivas, como a análise de imagens e a introdução de dados. Isto permite que os prestadores de cuidados de saúde se concentrem nos cuidados aos doentes e tomem rapidamente decisões mais informadas.

3. Melhoria da acessibilidade aos cuidados de saúde

A IA pode colmatar as lacunas em termos de acessibilidade aos cuidados de saúde, especialmente em zonas remotas e mal servidas. As ferramentas de diagnóstico alimentadas por IA podem ser implantadas em dispositivos móveis, permitindo que os pacientes recebam diagnósticos atempados sem necessidade de se deslocarem a instalações médicas.

4. Medicina personalizada

A capacidade da IA para analisar grandes quantidades de dados permite o desenvolvimento de planos de tratamento personalizados com base nos perfis individuais dos doentes. Esta abordagem melhora a eficácia do tratamento e reduz os efeitos adversos, adaptando as terapias às necessidades específicas de cada doente.

Desafios e considerações éticas

1. Privacidade e segurança dos dados

A utilização da IA no diagnóstico implica o tratamento de dados sensíveis dos doentes, o que suscita preocupações em matéria de privacidade e segurança. Garantir medidas robustas de proteção de dados e a conformidade com regulamentos como o HIPAA (Health Insurance Portability and Accountability Act) é essencial para manter a confiança dos pacientes.

2. Preconceito e equidade

Os algoritmos de IA podem herdar preconceitos dos dados em que são treinados, levando a disparidades nos resultados dos diagnósticos. Garantir conjuntos de dados diversificados e representativos, juntamente com a monitorização contínua do enviesamento, é crucial para obter diagnósticos justos e equitativos baseados em IA.

3. Desafios regulamentares e jurídicos

O panorama regulamentar da IA nos cuidados de saúde ainda está a evoluir. A obtenção de aprovação regulamentar para ferramentas de diagnóstico baseadas em IA pode ser complexa e morosa. São necessárias diretrizes e normas claras para facilitar a integração segura e eficaz da IA na prática clínica.

4. Integração com fluxos de trabalho clínicos

A integração de diagnósticos baseados em IA nos fluxos de trabalho clínicos existentes pode ser um desafio devido a barreiras técnicas, organizacionais e culturais. Os prestadores de cuidados de saúde precisam de formação e apoio para utilizar eficazmente as ferramentas de IA e interpretar os seus resultados.

Perspectivas futuras dos diagnósticos baseados em IA

1. Aprendizagem e melhoria contínuas

Os sistemas de IA podem aprender continuamente com novos dados, melhorando a sua exatidão e desempenho ao longo do tempo. Esta adaptabilidade faz da IA uma ferramenta poderosa para acompanhar os conhecimentos médicos mais recentes e a evolução das necessidades dos cuidados de saúde.

2. Sistemas colaborativos Homem-IA

O futuro do diagnóstico baseado na IA reside em sistemas colaborativos em que a IA apoia e melhora a tomada de decisões humanas em vez de a substituir. A combinação dos pontos fortes da IA e dos conhecimentos humanos pode conduzir a melhores resultados para os doentes e a uma prestação de cuidados de saúde mais eficiente.

3. Expansão para novas áreas de diagnóstico

À medida que a tecnologia de IA avança, as suas aplicações no diagnóstico continuarão a expandir-se para novas áreas, como a saúde mental, as doenças infecciosas e as doenças genéticas raras. A capacidade da IA para analisar dados complexos e multifacetados torna-a uma ferramenta valiosa para enfrentar uma vasta gama de desafios no domínio da saúde.

4. Impacto na saúde mundial

Os diagnósticos baseados em IA têm potencial para ter um impacto significativo na saúde mundial, melhorando o acesso a cuidados de saúde de qualidade em locais com poucos recursos. As soluções de IA escaláveis e rentáveis podem resolver as disparidades nos cuidados de saúde e contribuir para melhores resultados de saúde em todo o mundo.

Os diagnósticos baseados em IA estão a revolucionar os cuidados de saúde, melhorando a precisão, a eficiência e a acessibilidade da deteção e gestão de doenças. Embora subsistam desafios e considerações éticas, os benefícios da IA no diagnóstico são inegáveis. À medida que a tecnologia continua a avançar, a IA desempenhará um papel cada vez mais importante na definição do futuro da medicina, conduzindo, em última análise, a melhores cuidados e resultados para os doentes. As secções seguintes irão explorar outras áreas em que a IA está a ter um impacto significativo nos cuidados de saúde, ilustrando ainda mais o seu potencial transformador.

2.2 IA na imagiologia médica

A IA na imagiologia médica representa um avanço significativo na medicina de diagnóstico, oferecendo maior precisão, eficiência e conhecimentos sobre várias condições médicas. Esta secção explora o papel da IA na imagiologia médica, abrangendo as suas aplicações, benefícios, desafios e perspectivas futuras.

A aplicações da IA na imagiologia médica

1. Análise e interpretação de imagens

Os algoritmos de IA, em particular os baseados na aprendizagem profunda, podem analisar e interpretar imagens médicas com uma precisão notável, ultrapassando frequentemente os radiologistas humanos em tarefas específicas.

- **Radiologia:** A IA pode detetar anomalias como tumores, fracturas e infecções em radiografias, tomografias computorizadas e ressonâncias magnéticas. Por exemplo, os algoritmos de IA podem identificar nódulos pulmonares em radiografias do tórax, podendo detetar cancro do pulmão em fase inicial que pode passar despercebido aos olhos humanos.

- **Patologia:** As ferramentas de patologia digital alimentadas por IA podem analisar amostras de tecido para identificar células cancerígenas, permitindo diagnósticos mais rápidos e mais precisos. Empresas como a PathAI utilizam a aprendizagem automática para aumentar a precisão da patologia.

2. Segmentação e quantificação

A IA é excelente na segmentação de imagens médicas, o que implica delinear estruturas de interesse, como órgãos, tumores e vasos sanguíneos. Isto é crucial para o planeamento do tratamento e a monitorização da progressão da doença.

- **Segmentação de tumores:** Os algoritmos de IA podem segmentar com precisão os tumores em imagens médicas, ajudando no planeamento da radioterapia e nas intervenções cirúrgicas. Isto ajuda a atingir o tumor com precisão, poupando os tecidos saudáveis.

- **Segmentação de órgãos:** As ferramentas de IA podem segmentar órgãos em imagens para ajudar em vários procedimentos de diagnóstico e terapêuticos, como a medição do volume do fígado na gestão de doenças hepáticas.

3. Deteção de anomalias subtis

A IA pode detetar anomalias subtis que podem passar despercebidas aos radiologistas humanos, conduzindo a um diagnóstico precoce e a melhores resultados para os doentes.

- **Microcalcificações em mamografia:** Os sistemas de IA podem identificar microcalcificações nas mamografias, que são indicadores precoces de cancro da mama. Isto melhora as taxas de deteção precoce e reduz os falsos positivos.

- **Rastreio da retinopatia diabética:** Os algoritmos de IA podem analisar imagens da retina para detetar sinais precoces de retinopatia diabética, evitando a perda de visão através de uma intervenção atempada.

4. Otimização do fluxo de trabalho

A IA pode simplificar os fluxos de trabalho de radiologia através da automatização de tarefas de rotina, permitindo que os radiologistas se concentrem em casos complexos e reduzindo os tempos de resposta.

- **Dar prioridade a casos críticos:** Os sistemas de IA podem fazer a triagem de estudos imagiológicos, assinalando casos críticos como acidentes vasculares cerebrais agudos ou pneumotórax para análise imediata por radiologistas. Isto garante que os casos urgentes recebam atenção imediata.

- **Relatórios automatizados:** A IA pode gerar relatórios preliminares, identificando e descrevendo descobertas em imagens médicas, reduzindo o tempo que os radiologistas gastam na documentação.

Benefícios da IA na imagiologia médica

1. Melhoria da precisão do diagnóstico

Os algoritmos de IA podem analisar grandes quantidades de dados de imagiologia com elevada precisão, reduzindo os erros de diagnóstico e melhorando a exatidão da deteção de doenças.

2. Eficiência melhorada

A IA simplifica o fluxo de trabalho de imagiologia, automatizando tarefas de rotina, como a segmentação de imagens e a geração de relatórios. Isto permite que os radiologistas se concentrem na interpretação de casos complexos e na tomada de decisões informadas.

3. Deteção e intervenção precoces

A capacidade da IA para detetar anomalias subtis numa fase inicial permite uma intervenção e um tratamento atempados, melhorando os resultados e as taxas de sobrevivência dos doentes.

4. Redução de custos

Ao aumentar a eficiência e a precisão, a IA pode ajudar a reduzir os custos dos cuidados de saúde. A deteção precoce e o planeamento preciso do tratamento podem minimizar os procedimentos desnecessários e os internamentos hospitalares.

5. Consistência e normalização

A IA fornece interpretações consistentes e normalizadas de imagens médicas, reduzindo a variabilidade e garantindo que os pacientes recebem cuidados de qualidade uniformes, independentemente do prestador.

Desafios e considerações éticas

1. Privacidade e segurança dos dados

A imagiologia médica envolve o manuseamento de dados sensíveis dos doentes, o que suscita preocupações em termos de privacidade e segurança. É crucial garantir medidas robustas de proteção de dados e a conformidade com regulamentos como a HIPAA.

2. Viés algorítmico

Os algoritmos de IA podem herdar enviesamentos dos dados de treino, conduzindo potencialmente a disparidades nos resultados dos diagnósticos. É essencial garantir conjuntos de dados diversificados e representativos, juntamente com uma monitorização contínua, para resolver esta questão.

3. Integração com fluxos de trabalho clínicos

A integração de ferramentas de IA nos fluxos de trabalho clínicos existentes pode ser um desafio devido a barreiras técnicas, organizacionais e culturais. Os prestadores de cuidados de saúde necessitam de formação e apoio adequados para utilizarem eficazmente os sistemas de IA.

4. Aprovação regulamentar

As ferramentas de imagiologia médica baseadas em IA têm de ser submetidas a uma validação rigorosa e obter a aprovação regulamentar de organismos como a FDA. Este processo pode ser complexo e moroso, atrasando potencialmente a implementação de inovações de IA.

5. Interpretabilidade e transparência

Os modelos de IA, especialmente os algoritmos de aprendizagem profunda, podem ser opacos, tornando difícil compreender como chegam a conclusões específicas. Garantir a transparência e a interpretabilidade é importante para ganhar a confiança dos prestadores de cuidados de saúde e dos doentes.

Perspectivas futuras da IA na imagiologia médica

1. Avanços na aprendizagem profunda

Os avanços contínuos nas técnicas de aprendizagem profunda aumentarão ainda mais a precisão e as capacidades da IA na imagiologia médica, permitindo a deteção de uma gama mais vasta de doenças e melhorando a precisão do diagnóstico.

2. Integração com dados multimodais

Os sistemas de IA integrarão cada vez mais dados de imagiologia com outros tipos de dados médicos, como informações genómicas e registos clínicos, proporcionando uma visão mais abrangente da saúde do doente e facilitando a medicina personalizada.

3. Análise de imagens em tempo real

As futuras ferramentas de IA oferecerão uma análise em tempo real das imagens médicas, fornecendo feedback imediato durante os procedimentos e intervenções de diagnóstico. Tal permitirá melhorar a tomada de decisões e melhorar os resultados dos procedimentos.

4. Impacto na saúde mundial

As ferramentas de imagiologia baseadas em IA podem ser implementadas em locais com poucos recursos, melhorando o acesso a serviços de diagnóstico de qualidade em todo o mundo. Isto tem o potencial de abordar as disparidades nos cuidados de saúde e melhorar os resultados em populações carenciadas.

5. Aprendizagem e adaptação contínuas

Os sistemas de IA continuarão a aprender e a adaptar-se a partir de novos dados, melhorando o seu desempenho ao longo do tempo. Esta capacidade de aprendizagem contínua manterá as ferramentas de IA actualizadas com os conhecimentos médicos mais recentes e com a evolução das necessidades dos cuidados de saúde.

A IA na imagiologia médica está a revolucionar o campo da medicina de diagnóstico, oferecendo precisão, eficiência e conhecimentos sem precedentes. Apesar dos desafios e das considerações éticas, os benefícios da imagiologia médica baseada em IA são evidentes. À medida que a tecnologia avança, a IA desempenhará um papel cada vez mais importante na melhoria dos cuidados prestados aos doentes e dos resultados em termos de saúde. As secções seguintes irão explorar outras áreas em que a IA está a ter um impacto significativo nos cuidados de saúde, ilustrando ainda mais o seu potencial transformador.

2.3 Medicina personalizada e análise preditiva

A IA está a transformar a medicina personalizada e a análise preditiva, permitindo tratamentos altamente individualizados e estratégias preditivas de cuidados de saúde. Esta secção explora a forma como a IA facilita estas abordagens, melhorando os cuidados aos doentes, melhorando os resultados e reduzindo os custos dos cuidados de saúde.

Medicina personalizada

A medicina personalizada envolve a adaptação de tratamentos médicos a caraterísticas individuais, como a genética, o estilo de vida e o ambiente. A IA desempenha um papel crucial na análise de conjuntos de dados complexos para identificar padrões e fazer recomendações de tratamento personalizadas.

1. Medicina Genómica

Os algoritmos de IA podem analisar dados genómicos para identificar mutações e variações genéticas que influenciam o risco de doença e a resposta ao tratamento. Isto é particularmente útil em domínios como a oncologia, em que os perfis genéticos podem orientar terapias específicas.

- **Tratamento do cancro:** A IA pode analisar a composição genética de um doente para identificar mutações que impulsionam o crescimento do cancro. As terapias direcionadas, como os inibidores da tirosina quinase em doentes com cancro do pulmão com mutações EGFR, podem então ser selecionadas para maximizar a eficácia do tratamento.

- **Doenças raras:** As ferramentas de IA podem analisar dados de sequenciação do exoma e do genoma para diagnosticar doenças genéticas raras, fornecendo informações sobre potenciais tratamentos e estratégias de gestão.

2. Farmacogenómica

A farmacogenómica baseada na IA envolve a análise da forma como as variações genéticas afectam as respostas individuais aos medicamentos. Isto ajuda a selecionar o medicamento e a dosagem adequados para cada doente, minimizando os efeitos adversos e melhorando os resultados terapêuticos.

- **Seleção de medicamentos:** Os algoritmos de IA podem prever quais os doentes que beneficiarão de medicamentos específicos com base nos seus perfis genéticos. Por exemplo, em psiquiatria, a IA pode ajudar a determinar o antidepressivo mais eficaz para um doente com base nos seus marcadores genéticos.

- **Otimização da dosagem:** A IA também pode prever a dosagem ideal para os doentes, reduzindo o risco de sobremedicação e de reacções adversas.

3. Análise de dados de saúde integrativa

A IA pode integrar e analisar diversos dados de saúde, incluindo registos clínicos, factores de estilo de vida e dados de dispositivos portáteis, para fornecer uma visão abrangente da saúde de um paciente. Esta abordagem holística permite planos de tratamento mais precisos e personalizados.

- **Gestão de doenças crónicas:** Os sistemas de IA podem analisar dados de monitorização contínua da glucose em doentes diabéticos para fornecer recomendações personalizadas de dosagem de insulina e sugestões dietéticas.

- **Saúde cardiovascular:** A IA pode combinar dados de EHRs, dispositivos portáteis e perfis genéticos para prever o risco cardiovascular e recomendar mudanças de estilo de vida e tratamentos personalizados.

Análise preditiva

A análise preditiva nos cuidados de saúde envolve a utilização de IA para analisar dados históricos e em tempo real para prever futuros resultados de saúde. Esta abordagem proactiva permite uma intervenção precoce, reduzindo a incidência e a gravidade das doenças.

1. Previsão do risco de doença

Os modelos de IA podem prever o risco de um indivíduo desenvolver doenças específicas através da análise de dados genéticos, clínicos e de estilo de vida. Isto permite uma intervenção precoce e medidas preventivas.

- **Doenças cardiovasculares:** Os algoritmos de IA podem avaliar factores de risco como a idade, os níveis de colesterol, a tensão arterial e o historial familiar para prever a probabilidade de eventos cardiovasculares, permitindo modificações precoces no estilo de vida e intervenções médicas.

- **Diabetes:** Os modelos preditivos podem analisar factores como o IMC, o historial familiar e os níveis de glicose no sangue para estimar o risco de desenvolver diabetes tipo 2, facilitando intervenções precoces em termos de dieta e exercício.

2. Deteção precoce de doenças

A IA pode detetar sinais precoces de doença a partir de dados médicos, muitas vezes antes do aparecimento dos sintomas, permitindo um diagnóstico e tratamento atempados.

- **Rastreio do cancro:** As ferramentas baseadas em IA podem analisar dados de imagiologia e patologia para identificar cancros em fase inicial, como a mamografia para o cancro da mama ou a colonoscopia para o cancro colorrectal, melhorando as taxas de sobrevivência através da deteção precoce.

- **Doenças neurodegenerativas:** A IA pode analisar padrões de discurso, função motora e avaliações cognitivas para detetar sinais precoces de doenças neurodegenerativas como Parkinson e Alzheimer, permitindo intervenções terapêuticas precoces.

3. Previsão da progressão da doença

A IA pode modelar a progressão da doença através da análise de dados longitudinais dos doentes, ajudando os prestadores de cuidados de saúde a antecipar complicações e a ajustar os planos de tratamento em conformidade.

- **Doença renal crónica:** Os algoritmos de IA podem prever a progressão da doença renal crónica com base em factores como os níveis de creatinina, a pressão arterial e a proteinúria, orientando as decisões sobre quando iniciar a diálise ou o transplante.

- **Esclerose múltipla:** A IA pode analisar dados de ressonância magnética e avaliações clínicas para prever a progressão da esclerose múltipla, ajudando os neurologistas a adaptar estratégias de tratamento para retardar a progressão da doença.

4. Previsão de readmissão hospitalar

A IA pode identificar os doentes com elevado risco de readmissão hospitalar, permitindo intervenções direcionadas para reduzir as taxas de readmissão e melhorar os resultados dos doentes.

- **Monitorização pós-alta:** Os modelos de IA podem prever quais os pacientes susceptíveis de serem readmitidos com base em factores como comorbilidades, hospitalizações anteriores e determinantes sociais da saúde. Isto permite aos prestadores de cuidados de saúde implementar planos de cuidados e acompanhamento pós-alta.

- **Doenças crónicas:** A análise preditiva pode ajudar a gerir os doentes com doenças crónicas, como a insuficiência cardíaca ou a DPOC, identificando os doentes em risco de exacerbação e readmissão, permitindo uma gestão proactiva.

Benefícios da IA na medicina personalizada e na análise preditiva

1. Melhores resultados para os doentes

A medicina personalizada impulsionada pela IA garante que os pacientes recebem os tratamentos mais eficazes com base nos seus perfis únicos, conduzindo a melhores resultados de saúde e a efeitos adversos reduzidos.

2. Cuidados preventivos melhorados

A análise preditiva permite a intervenção precoce e os cuidados preventivos, reduzindo a incidência e a gravidade das doenças e melhorando os resultados de saúde a longo prazo.

3. Cuidados de saúde rentáveis

Ao otimizar os planos de tratamento e ao prevenir a progressão da doença, a IA reduz os custos dos cuidados de saúde associados a hospitalizações, visitas de emergência e gestão de doenças crónicas.

4. Pacientes capacitados

As informações baseadas em IA permitem que os pacientes assumam um papel ativo na sua saúde, fornecendo recomendações personalizadas e estratégias preventivas, promovendo um sentido de propriedade e envolvimento nos seus cuidados.

Desafios e considerações éticas

1. Privacidade e segurança dos dados

A utilização da IA na medicina personalizada e na análise preditiva envolve o tratamento de dados sensíveis dos doentes. Garantir medidas robustas de privacidade e segurança dos dados é essencial para manter a confiança dos pacientes e cumprir os regulamentos.

2. Qualidade e integração de dados

Os algoritmos de IA dependem de conjuntos de dados abrangentes e de elevada qualidade. Garantir a exatidão, a exaustividade e a integração de dados de diversas fontes continua a ser um desafio significativo.

3. Viés algorítmico

Os modelos de IA podem herdar enviesamentos dos dados de treino, conduzindo a disparidades nas previsões e recomendações de tratamento. Garantir conjuntos de dados diversificados e representativos é crucial para mitigar o enviesamento.

4. Adoção e integração clínica

A integração de ferramentas de IA nos fluxos de trabalho clínicos exige a superação de barreiras técnicas, organizacionais e culturais. Os médicos precisam de formação e apoio adequados para utilizar eficazmente as informações baseadas em IA no tratamento dos doentes.

5. Utilização ética da IA

Garantir a utilização ética da IA nos cuidados de saúde implica abordar questões como o consentimento informado, a transparência e a responsabilidade. O desenvolvimento e a adesão a diretrizes éticas são essenciais para garantir que a IA beneficia todos os doentes de forma justa.

Perspectivas futuras da IA na medicina personalizada e na análise preditiva

1. Avanços na análise genómica

Os avanços contínuos em IA e genómica irão melhorar a precisão e o âmbito da medicina personalizada, permitindo tratamentos mais precisos e eficazes para uma gama mais vasta de doenças.

2. Monitorização do estado de saúde em tempo real

Os dispositivos portáteis e as aplicações móveis de saúde baseados na IA proporcionarão uma monitorização em tempo real e uma análise preditiva, permitindo uma gestão contínua e proactiva dos cuidados de saúde.

3. Integração de dados multimodais

Os futuros sistemas de IA integrarão diversos tipos de dados, incluindo dados genómicos, proteómicos, metabolómicos e ambientais, proporcionando uma visão holística da saúde do doente e permitindo cuidados personalizados mais abrangentes.

4. Impacto na saúde mundial

A medicina personalizada e a análise preditiva impulsionadas pela IA têm o potencial de melhorar a acessibilidade e a qualidade dos cuidados de saúde a nível mundial, abordando as disparidades na saúde e melhorando os resultados em populações carenciadas.

5. Tomada de decisões colaborativa entre humanos e utilizadores de inteligência artificial

O futuro da IA na medicina personalizada e na análise preditiva reside em sistemas colaborativos em que a IA apoia e melhora a tomada de decisões humanas, combinando os pontos fortes da IA e os conhecimentos humanos para otimizar os cuidados aos doentes.

Conclusão

A IA na medicina personalizada e a análise preditiva estão a revolucionar os cuidados de saúde, permitindo tratamentos altamente individualizados e uma gestão proactiva da saúde. Apesar dos desafios e das considerações éticas, os benefícios das abordagens baseadas em IA são substanciais. À medida que a tecnologia avança, a IA desempenhará um papel cada vez mais vital na definição do futuro da medicina, conduzindo a melhores cuidados e resultados para os doentes. As secções seguintes explorarão outras áreas em que a IA está a ter um impacto significativo nos cuidados de saúde, ilustrando ainda mais o seu potencial transformador.

2.4 IA em cirurgia e robótica

A IA na cirurgia e na robótica está a revolucionar o campo da medicina cirúrgica, oferecendo maior precisão, melhores resultados e maior eficiência. Esta secção explora a integração da IA nas práticas cirúrgicas, centrando-se nas suas aplicações, benefícios, desafios e perspectivas futuras.

Aplicações da IA em cirurgia e robótica

1. Cirurgia assistida por robô

A cirurgia assistida por robótica envolve a utilização de sistemas robóticos controlados por cirurgiões para efetuar procedimentos complexos com elevada precisão.

- **Sistema Cirúrgico Da Vinci:** O sistema cirúrgico robótico mais conhecido, o Da Vinci, permite aos cirurgiões realizar procedimentos minimamente invasivos com maior destreza e controlo. Os algoritmos de IA ajudam a estabilizar os instrumentos e a otimizar os movimentos.

- **Cirurgia ortopédica:** Os sistemas robóticos alimentados por IA, como o Mako, ajudam nas cirurgias ortopédicas, como as substituições de articulações, fornecendo planeamento pré-operatório e orientação intraoperatória com base na anatomia específica do doente.

2. Planeamento e simulação pré-operatórios

A IA melhora o planeamento pré-operatório através da análise dos dados do doente e da criação de planos e simulações cirúrgicos detalhados.

- **Modelação 3D:** A IA pode converter dados de imagiologia (TC, MRI) em modelos 3D, permitindo aos cirurgiões visualizar o local da cirurgia e planear o procedimento com maior precisão.

- **Simulação:** Os simuladores baseados em IA fornecem ambientes de prática virtual onde os cirurgiões podem ensaiar procedimentos, melhorando as suas competências e reduzindo o risco de erros durante a cirurgia real.

3. Orientação intra-operatória

Os sistemas de IA fornecem orientação em tempo real durante a cirurgia, ajudando os cirurgiões a tomar movimentos e decisões precisas.

- **Cirurgia guiada por imagens:** Os algoritmos de IA processam dados de imagiologia em tempo real para fornecer sobreposições visuais e orientação durante a cirurgia, ajudando os cirurgiões a navegar em estruturas anatómicas complexas.

- **Instrumentos cirúrgicos inteligentes:** Os instrumentos melhorados com IA podem fornecer feedback háptico e ajustar os seus movimentos em resposta às acções do cirurgião, melhorando a precisão e a segurança.

4. Cuidados pós-operatórios e recuperação

A IA ajuda nos cuidados pós-operatórios, monitorizando a recuperação do doente e prevendo potenciais complicações.

- **Dispositivos vestíveis:** Os wearables alimentados por IA monitorizam os sinais vitais e os padrões de movimento, fornecendo informações sobre a recuperação dos doentes e alertando os prestadores de cuidados de saúde para potenciais problemas.

- **Análise preditiva:** Os modelos de IA analisam os dados pós-operatórios para prever complicações, como infecções ou readmissões, permitindo intervenções atempadas e melhores resultados para os doentes.

Benefícios da IA na cirurgia e na robótica

1. Precisão e exatidão melhoradas

A IA e os sistemas robóticos proporcionam aos cirurgiões uma maior precisão, reduzindo o risco de erros e melhorando os resultados cirúrgicos. A capacidade de efetuar procedimentos delicados e complexos com elevada precisão beneficia os doentes, minimizando os danos nos tecidos e promovendo uma recuperação mais rápida.

2. Procedimentos Minimamente Invasivos

As cirurgias assistidas por robô implicam frequentemente incisões mais pequenas, o que resulta em menos dor, cicatrizes reduzidas e tempos de recuperação mais rápidos para os doentes. As técnicas minimamente invasivas também diminuem o risco de infeção e outras complicações.

3. Melhoria da formação cirúrgica

Os simuladores e as plataformas de formação baseados em IA oferecem aos cirurgiões a oportunidade de praticar e aperfeiçoar as suas competências num ambiente sem riscos. Esta abordagem de aprendizagem contínua ajuda a manter elevados padrões de proficiência cirúrgica e reduz a probabilidade de erros intra-operatórios.

4. Apoio à decisão em tempo real

Os sistemas de IA fornecem análise de dados em tempo real e apoio à decisão durante as cirurgias, ajudando os cirurgiões a fazer escolhas informadas e a adaptarem-se a situações inesperadas. Isto aumenta a segurança e a eficácia globais dos procedimentos cirúrgicos.

5. Resultados cirúrgicos optimizados

A IA permite um planeamento cirúrgico e cuidados pós-operatórios personalizados, adaptados às necessidades individuais dos doentes. Esta abordagem personalizada melhora os resultados cirúrgicos, reduz os tempos de recuperação e aumenta a satisfação do paciente.

Desafios e considerações éticas

1. Custos elevados e acessibilidade

A implementação da IA e dos sistemas robóticos na cirurgia exige um investimento financeiro significativo, tornando-a menos acessível para os hospitais e instalações de cuidados de saúde mais pequenos, em especial em locais com poucos recursos. Os esforços para reduzir os custos e aumentar a acessibilidade são cruciais para garantir uma adoção mais ampla.

2. Formação e adaptação

Os cirurgiões precisam de formação especializada para utilizar eficazmente a IA e os sistemas robóticos. A integração destas tecnologias nas práticas cirúrgicas existentes exige tempo e esforço, e pode haver resistência à mudança por parte de alguns profissionais de saúde.

3. Privacidade e segurança dos dados

Os sistemas cirúrgicos baseados em IA baseiam-se em dados extensos dos doentes, o que suscita preocupações quanto à privacidade e segurança dos dados. Garantir medidas robustas de proteção de dados e a conformidade com os regulamentos é essencial para manter a confiança dos pacientes.

4. Questões éticas e jurídicas

A utilização da IA na cirurgia levanta questões éticas e jurídicas em matéria de responsabilidade e responsabilização. Em casos de erros cirúrgicos ou de resultados adversos, a determinação da responsabilidade entre cirurgiões humanos e sistemas de IA pode ser complexa.

5. Viés algorítmico

Os algoritmos de IA podem herdar preconceitos dos dados de treino, conduzindo potencialmente a disparidades nos resultados cirúrgicos. É necessário garantir conjuntos de dados diversificados e representativos para atenuar os enviesamentos e promover cuidados de saúde equitativos.

Perspectivas futuras da IA na cirurgia e na robótica

1. Robôs cirúrgicos autónomos

Os avanços na IA podem levar ao desenvolvimento de robôs cirúrgicos totalmente autónomos capazes de realizar procedimentos de rotina com o mínimo de intervenção humana. Estes robôs poderão melhorar a eficiência e a acessibilidade cirúrgicas, nomeadamente em zonas remotas ou mal servidas.

2. Colaboração melhorada entre humanos e IA

O futuro da IA na cirurgia reside no reforço da colaboração entre os cirurgiões humanos e os sistemas de IA. A IA pode apoiar os cirurgiões na análise de dados em tempo real, no apoio à tomada de decisões e no controlo de precisão, permitindo que os cirurgiões se concentrem na tomada de decisões complexas e nos cuidados aos doentes.

3. Integração com Realidade Aumentada (RA)

A combinação da IA com a tecnologia de RA pode proporcionar aos cirurgiões uma orientação visual imersiva e em tempo real durante os procedimentos. As sobreposições de RA podem destacar estruturas críticas e potenciais problemas, melhorando a precisão e a segurança cirúrgicas.

4. Técnicas cirúrgicas personalizadas

A IA continuará a fazer avançar a cirurgia personalizada, analisando dados específicos dos doentes para desenvolver técnicas cirúrgicas e planos de cuidados pós-operatórios adaptados. Esta abordagem irá melhorar os resultados e a satisfação dos doentes.

5. Impacto na saúde mundial

Os sistemas cirúrgicos baseados em IA têm o potencial de melhorar a saúde mundial, tornando mais acessíveis os cuidados cirúrgicos de elevada qualidade. Os sistemas robóticos assistidos por IA, portáteis e económicos, poderão resolver as disparidades cirúrgicas e melhorar os resultados em locais com poucos recursos.

Conclusão

A IA na cirurgia e na robótica está a transformar o campo da medicina cirúrgica, oferecendo maior precisão, melhores resultados e maior eficiência. Apesar dos desafios e das considerações éticas, os benefícios das abordagens cirúrgicas baseadas em IA são substanciais. À medida que a tecnologia avança, a IA desempenhará um papel cada vez mais vital na definição do futuro da cirurgia, conduzindo a melhores cuidados e resultados para os doentes. As secções seguintes irão explorar outras áreas em que a IA está a ter um impacto significativo nos cuidados de saúde, ilustrando ainda mais o seu potencial transformador.

2.5 Considerações éticas e regulamentares

A integração da IA nos cuidados de saúde apresenta uma miríade de desafios éticos e regulamentares que devem ser abordados para garantir que a tecnologia é utilizada de forma responsável e eficaz. Esta secção analisa as implicações éticas, os quadros regulamentares e os esforços em curso para criar uma abordagem equilibrada à implantação da IA nos cuidados de saúde.

Considerações éticas

1. Privacidade dos doentes e segurança dos dados

Os sistemas de IA nos cuidados de saúde dependem de grandes quantidades de dados dos doentes, o que suscita preocupações significativas em matéria de privacidade e segurança dos dados.

- **Anonimização de dados:** É crucial garantir que os dados dos doentes são anonimizados para proteger as identidades individuais. Técnicas como a privacidade diferencial podem ajudar a equilibrar a utilidade e a privacidade dos dados.

- **Violações de dados:** Medidas robustas de cibersegurança são essenciais para evitar violações de dados, que podem levar ao acesso não autorizado a informações de saúde sensíveis.

2. Consentimento informado

A obtenção do consentimento informado dos doentes é fundamental quando os seus dados são utilizados para a formação e análise de IA.

- **Transparência:** Os doentes devem ser plenamente informados sobre a forma como os seus dados serão utilizados, os potenciais benefícios e os riscos envolvidos. Uma comunicação transparente gera confiança e permite a tomada de decisões informadas.

- **Opções de consentimento/desistência:** Dar aos doentes opções claras para consentir ou retirar os seus dados dos projectos de IA respeita a sua autonomia e preferências de privacidade.

3. Preconceito e equidade algorítmica

Os algoritmos de IA podem herdar preconceitos dos dados de treino, conduzindo a resultados discriminatórios.

- **Conjuntos de dados representativos:** Garantir que os conjuntos de dados de formação são diversificados e representativos de diferentes dados demográficos é essencial para mitigar o enviesamento. Isto inclui ter em conta as variações de idade, sexo, etnia e estatuto socioeconómico.

- **Deteção e atenuação de preconceitos:** Para promover a justiça e a equidade nos cuidados de saúde, é necessário auditar regularmente os sistemas de IA para detetar preconceitos e aplicar medidas corretivas.

4. Responsabilidade e transparência

A determinação da responsabilidade nas decisões de cuidados de saúde baseadas em IA é complexa, especialmente em casos de resultados adversos.

- **IA explicável (XAI):** O desenvolvimento de sistemas de IA que forneçam resultados transparentes e interpretáveis ajuda os médicos a compreender a lógica subjacente às decisões baseadas em IA, promovendo a responsabilização.

- **Quadros claros de responsabilidade:** O estabelecimento de quadros jurídicos claros que definam as responsabilidades dos criadores de IA, dos prestadores de cuidados de saúde e de outras partes interessadas é crucial para resolver questões de responsabilidade.

5. Utilização ética da IA

Garantir a implantação ética da IA nos cuidados de saúde implica aderir a princípios e diretrizes éticos estabelecidos.

- **Beneficência e não maleficência:** Os sistemas de IA devem ser concebidos e implementados para maximizar os benefícios para os doentes e minimizar os danos. São necessárias uma monitorização e uma avaliação contínuas para garantir que as intervenções baseadas na IA são seguras e eficazes.

- **Justiça:** A IA nos cuidados de saúde deve promover o acesso equitativo aos cuidados e não agravar as disparidades existentes. Garantir que os benefícios da IA são distribuídos de forma justa pelos diferentes grupos populacionais é essencial para uma prática ética.

Considerações regulamentares

1. Quadros regulamentares

O estabelecimento de quadros regulamentares abrangentes é essencial para garantir a utilização segura e eficaz da IA nos cuidados de saúde.

- **Diretrizes da FDA e da EMA:** Órgãos reguladores como a Food and Drug Administration (FDA) dos EUA e a Agência Europeia de Medicamentos (EMA) desenvolveram diretrizes para a aprovação e supervisão de dispositivos e sistemas médicos baseados em IA. Estas diretrizes centram-se na segurança, eficácia e transparência.

- **Regulamentos adaptáveis:** Dados os rápidos avanços na tecnologia de IA, os quadros regulamentares devem ser adaptáveis e flexíveis para acomodar novos desenvolvimentos e inovações, garantindo simultaneamente a segurança dos doentes.

2. Processos de aprovação

O processo de aprovação de aplicações de cuidados de saúde baseadas em IA envolve uma avaliação e validação rigorosas.

- **Ensaios clínicos:** Os sistemas de IA devem ser submetidos a ensaios clínicos exaustivos para demonstrar a sua segurança, eficácia e fiabilidade. Estes ensaios devem seguir protocolos e normas estabelecidos.
- **Vigilância pós-comercialização:** A monitorização contínua dos sistemas de IA após a aprovação é crucial para identificar e resolver quaisquer problemas emergentes ou efeitos adversos. Isto garante uma segurança e eficácia contínuas.

3. Normas de dados e interoperabilidade

O estabelecimento de normas de dados e a garantia da interoperabilidade são fundamentais para o êxito da integração da IA nos cuidados de saúde.

- **Formatos de dados normalizados:** A adoção de formatos e protocolos de dados normalizados facilita a partilha e a integração de dados entre diferentes sistemas e plataformas de cuidados de saúde, aumentando a utilidade das aplicações de IA.

- **Interoperabilidade:** Garantir que os sistemas de IA podem interagir sem problemas com os registos de saúde electrónicos (EHR) existentes e outras tecnologias de cuidados de saúde é essencial para uma implementação e utilização eficientes.

4. Harmonização global

A harmonização das normas e diretrizes regulamentares a nível mundial promove a implantação segura e equitativa da IA nos cuidados de saúde.

- **Colaboração internacional:** Os organismos reguladores, as partes interessadas da indústria e as instituições académicas devem colaborar a nível internacional para desenvolver normas e orientações unificadas, garantindo uma regulamentação coerente e eficaz das tecnologias de IA em todo o mundo.

- **Melhores práticas globais:** A partilha das melhores práticas e das lições aprendidas em diferentes regiões ajuda a melhorar as abordagens regulamentares e melhora a qualidade geral das soluções de cuidados de saúde baseadas em IA.

5. Diretrizes éticas e boas práticas

O desenvolvimento e a adesão a diretrizes éticas e a boas práticas são essenciais para a utilização responsável da IA nos cuidados de saúde.

- **Quadros éticos:** Organizações como a Organização Mundial de Saúde (OMS) e os Institutos Nacionais de Saúde (NIH) desenvolveram enquadramentos e diretrizes éticas para a IA nos cuidados de saúde. Estes quadros enfatizam princípios como a transparência, a responsabilidade e a equidade.

- **Recomendações de melhores práticas:** A implementação de recomendações de melhores práticas, como as fornecidas por organizações profissionais e grupos do sector, garante que os sistemas de IA são utilizados de forma responsável e ética.

Direcções futuras

1. Evolução contínua da ética e da regulamentação

À medida que a tecnologia de IA evolui, os quadros éticos e regulamentares devem adaptar-se continuamente para enfrentar novos desafios e oportunidades.

- **Investigação em curso:** A realização de investigação contínua sobre as implicações éticas e os impactos sociais da IA nos cuidados de saúde ajuda a identificar questões emergentes e a desenvolver respostas adequadas.

- **Regulamentos dinâmicos:** O desenvolvimento de abordagens regulamentares dinâmicas que possam adaptar-se rapidamente aos avanços tecnológicos garante que os regulamentos permaneçam relevantes e eficazes.

2. Envolvimento do público e educação

Envolver o público e os profissionais de saúde em debates sobre a IA nos cuidados de saúde é essencial para criar confiança e compreensão.

- **Campanhas de sensibilização do público:** Informar o público sobre os benefícios, os riscos e as considerações éticas da IA nos cuidados de saúde promove a tomada de decisões informadas e a sua aceitação.

- **Formação profissional:** Proporcionar aos profissionais de saúde formação e educação sobre tecnologias de IA aumenta a sua capacidade de utilizar estas ferramentas de forma eficaz e ética.

3. Modelos de governação colaborativa

O desenvolvimento de modelos de governação colaborativa que envolvam múltiplas partes interessadas garante que diversas perspectivas sejam consideradas no desenvolvimento e na regulamentação das tecnologias de IA.

- **Comités com vários intervenientes:** A criação de comités e grupos de trabalho que incluam representantes de organismos reguladores, da indústria, do meio académico e de grupos de defesa dos doentes promove a tomada de decisões inclusivas e equilibradas.

- **Parcerias Público-Privadas:** O incentivo às parcerias público-privadas facilita a inovação, assegurando simultaneamente o cumprimento das normas éticas e regulamentares.

Conclusão

As considerações éticas e regulamentares são fundamentais para a integração da IA nos cuidados de saúde. A resolução destes desafios exige uma abordagem abrangente e adaptável que equilibre a inovação com a segurança e a equidade dos doentes. Ao desenvolver diretrizes éticas robustas, quadros regulamentares e modelos de governação colaborativa, o sector dos cuidados de saúde pode aproveitar todo o potencial da IA, garantindo simultaneamente uma utilização responsável e ética. À medida que a tecnologia de IA continua a avançar, os esforços contínuos para enfrentar os desafios éticos e regulamentares serão essenciais para concretizar o seu potencial transformador nos cuidados de saúde.

Capítulo 3: A IA na educação: Moldar o futuro da aprendizagem

Introdução

A inteligência artificial (IA) está a transformar o panorama educativo, fornecendo ferramentas e abordagens inovadoras que melhoram o ensino, a aprendizagem e a administração. Este capítulo explora as várias formas como a IA está a moldar o futuro da educação, centrando-se na aprendizagem personalizada, nos sistemas de tutoria inteligentes, na eficiência administrativa, nas considerações éticas e nas perspectivas futuras.

3.1 Aprendizagem personalizada

A aprendizagem personalizada envolve a adaptação de experiências educativas para satisfazer as necessidades individuais, os pontos fortes e as preferências de cada aluno. A IA desempenha um papel crucial na facilitação da aprendizagem personalizada, analisando dados e fornecendo conteúdos e experiências educativas personalizadas.

1. Plataformas de aprendizagem adaptativa

As plataformas de aprendizagem adaptativa baseadas em IA ajustam a dificuldade e o tipo de conteúdo com base no desempenho e no estilo de aprendizagem do aluno.

- **Ajustes em tempo real:** Estas plataformas avaliam continuamente o progresso dos alunos e fornecem ajustes em tempo real aos materiais didácticos, garantindo que os alunos permanecem empenhados e desafiados.

- **Recomendações de conteúdos:** Os algoritmos de IA recomendam recursos específicos, como vídeos, artigos ou exercícios, que correspondem às necessidades e preferências de aprendizagem do aluno.

2. Sistemas Tutores Inteligentes (STI)

Os sistemas de tutoria inteligentes fornecem instruções e feedback personalizados aos alunos, imitando o apoio de um tutor humano.

- **Método Socrático:** Alguns STI utilizam o método socrático, colocando questões orientadoras para ajudar os alunos a desenvolverem competências de pensamento crítico e a aprofundarem a sua compreensão do material.

- **Feedback imediato:** Estes sistemas fornecem feedback imediato sobre o desempenho dos alunos, permitindo a correção rápida de mal-entendidos e o reforço de conceitos.

3. Análise da aprendizagem

A análise de aprendizagem com base em IA analisa os dados dos alunos para identificar padrões e fornecer informações sobre comportamentos e resultados de aprendizagem.

- **Acompanhamento do desempenho:** Os educadores podem acompanhar o desempenho dos alunos ao longo do tempo, identificando áreas onde os alunos se destacam ou têm dificuldades, e ajustar a instrução em conformidade.

- **Análise preditiva:** Os modelos de IA podem prever o sucesso dos alunos e identificar aqueles que correm o risco de ficar para trás, permitindo intervenções atempadas.

4. Currículos personalizados

A IA permite a criação de currículos personalizados que respondem às necessidades e interesses únicos de cada aluno.

- **Percursos de aprendizagem personalizados:** Os sistemas de IA podem conceber percursos de aprendizagem personalizados que orientam os alunos através de uma sequência adaptada de tópicos e actividades, maximizando o seu potencial de aprendizagem.

- **Aprendizagem baseada em interesses:** Ao analisar os interesses e as preferências dos alunos, a IA pode incorporar tópicos e exemplos relevantes no currículo, aumentando o envolvimento e a motivação.

3.2 Sistemas Tutores Inteligentes (STI)

Os sistemas de tutoria inteligente (ITS) utilizam a IA para fornecer aos alunos instruções e apoio personalizados, melhorando a sua experiência de aprendizagem.

1. Tipos de sistemas de tutoria inteligente

Existem vários tipos de STI, cada um concebido para abordar diferentes aspectos do processo de aprendizagem.

- **Tutores Cognitivos:** Centram-se no desenvolvimento de competências de resolução de problemas e de processos cognitivos, frequentemente utilizados em disciplinas como a matemática e as ciências.

- **Tutores afectivos:** Abordam os aspectos emocionais da aprendizagem, dando apoio e encorajamento para manter a motivação e o empenho dos alunos.

- **Tutores Metacognitivos:** Ajudar os alunos a desenvolver competências metacognitivas, como a autorregulação e a reflexão, melhorando a sua capacidade de gerir a sua própria aprendizagem.

2. Principais caraterísticas dos sistemas de tutoria inteligente

Os STI incorporam várias caraterísticas fundamentais que aumentam a sua eficácia.

- **Feedback personalizado:** Os ITS fornecem feedback personalizado com base nas respostas dos alunos, ajudando-os a compreender os erros e a aprender com eles.

- **Aprendizagem em andaimes:** Estes sistemas oferecem experiências de aprendizagem em andaimes, aumentando gradualmente a complexidade das tarefas à medida que os alunos desenvolvem as suas competências e confiança.

- **Ambientes de aprendizagem interactivos:** Os ITS criam ambientes de aprendizagem interactivos onde os alunos podem interagir com os conteúdos através de simulações, jogos e outras actividades imersivas.

3. Vantagens dos sistemas de tutoria inteligentes

A utilização dos STI na educação oferece inúmeras vantagens para estudantes e educadores.

- **Atenção individualizada:** Os ITS prestam atenção individualizada a cada aluno, atendendo às suas necessidades específicas e estilos de aprendizagem.

- **Melhores resultados de aprendizagem:** A investigação demonstrou que os estudantes que utilizam os STI obtêm frequentemente melhores resultados de aprendizagem em comparação com o ensino tradicional.

- **Escalabilidade:** Os ITS podem ser escalados para servir um grande número de alunos, tornando o ensino personalizado mais acessível e económico.

4. Desafios e limitações

Apesar das suas vantagens, os STI enfrentam vários desafios e limitações.

- **Elevados custos de desenvolvimento:** A criação de STI eficazes exige um investimento significativo em investigação e desenvolvimento, o que limita a sua disponibilidade em alguns contextos educativos.

- **Dependência de dados:** Os STI dependem de uma grande quantidade de dados para funcionarem eficazmente, o que suscita preocupações quanto à privacidade e segurança dos dados.

- **Integração no ensino tradicional:** A integração dos STI nos métodos de ensino tradicionais pode ser um desafio, exigindo mudanças na pedagogia e na gestão da sala de aula.

3.3 Eficiência administrativa

A IA está também a revolucionar os aspectos administrativos da educação, racionalizando processos e melhorando a eficiência.

1. Classificação e avaliação automatizadas

Os sistemas orientados para a IA podem automatizar as tarefas de classificação e avaliação, poupando tempo e reduzindo a carga de trabalho dos educadores.

- **Pontuação de ensaios:** Os algoritmos de IA podem avaliar ensaios escritos, fornecendo pontuações e feedback sobre gramática, coerência e conteúdo.

- **Avaliações objectivas:** Os testes de escolha múltipla e outras avaliações objectivas podem ser classificados automaticamente, fornecendo resultados imediatos.

2. Inscrição e admissão

Os sistemas de IA ajudam nos processos de inscrição e admissão, melhorando a exatidão e a eficiência.

- **Análise de candidaturas:** A IA pode analisar materiais de candidatura, tais como transcrições e ensaios, para identificar candidatos qualificados e assinalar potenciais problemas.

- **Previsão de matrículas:** A análise preditiva ajuda as instituições a prever as tendências de inscrição e a tomar decisões informadas sobre a atribuição de recursos e o planeamento.

3. Atribuição de recursos

A IA ajuda as instituições de ensino a otimizar a atribuição de recursos, garantindo que estes são utilizados de forma eficaz e eficiente.

- **Programação de horários:** Os algoritmos de IA podem criar horários óptimos que tenham em conta factores como a disponibilidade dos professores, a capacidade das salas de aula e as preferências dos alunos.

- **Gestão de instalações:** Os sistemas de IA monitorizam e gerem a utilização das instalações, como salas de aula e laboratórios, para maximizar a utilização e reduzir os custos.

4. Serviços de apoio aos estudantes

A IA melhora os serviços de apoio aos estudantes, prestando-lhes assistência atempada e personalizada.

- **Chatbots:** Os chatbots alimentados por IA oferecem apoio 24 horas por dia, 7 dias por semana, respondendo a perguntas comuns e direcionando os alunos para os recursos adequados.

- **Sistemas de alerta precoce:** A análise preditiva identifica os alunos em risco de insucesso ou abandono escolar, permitindo intervenções proactivas por parte do pessoal de apoio.

3.4 Considerações éticas

A utilização da IA na educação suscita considerações éticas importantes que devem ser abordadas para garantir uma utilização justa e responsável.

1. Privacidade e segurança dos dados

É fundamental proteger a privacidade dos dados dos alunos e garantir a segurança dos sistemas de IA.

- **Regulamentos de proteção de dados:** O cumprimento dos regulamentos de proteção de dados, como o GDPR e a FERPA, é essencial para salvaguardar as informações dos alunos.

- **Armazenamento seguro de dados:** A implementação de medidas de segurança robustas para proteger os dados contra violações e acesso não autorizado é fundamental.

2. Equidade e acesso

Garantir um acesso equitativo às ferramentas educativas baseadas na IA é uma preocupação ética importante.

- **Fosso digital:** A resolução do problema do fosso digital é crucial para garantir que todos os estudantes, independentemente do seu estatuto socioeconómico, tenham acesso a uma educação melhorada pela IA.

- **Preconceitos nos sistemas de IA:** A atenuação dos preconceitos nos sistemas de IA é essencial para evitar resultados discriminatórios e garantir a equidade nas oportunidades educativas.

3. Transparência e responsabilidade

É fundamental manter a transparência e a responsabilidade na utilização da IA na educação.

- **Transparência dos algoritmos:** Os educadores e os alunos devem compreender como é que os algoritmos de IA tomam decisões e fazem recomendações, promovendo a confiança e a responsabilização.

- **Mecanismos de responsabilização:** O estabelecimento de mecanismos claros de responsabilização garante que as partes interessadas possam abordar e resolver questões relacionadas com a utilização da IA.

4. Utilização ética da IA

É essencial respeitar os princípios éticos no desenvolvimento e na aplicação da IA na educação.

- **Beneficência:** Os sistemas de IA devem ser concebidos para beneficiar os estudantes e os educadores, melhorando a aprendizagem e os resultados educativos.

- **Não maleficência:** A IA não deve causar danos aos alunos ou aos educadores e devem ser adoptadas medidas para prevenir e resolver potenciais impactos negativos.

3.5 Perspectivas futuras

O futuro da IA na educação é muito promissor, com avanços contínuos que podem transformar ainda mais o ensino e a aprendizagem.

1. Personalização avançada

Os futuros sistemas de IA oferecerão uma personalização ainda mais avançada, proporcionando experiências de aprendizagem altamente personalizadas que respondem às necessidades e preferências únicas de cada aluno.

- **Aprendizagem adaptativa em escala:** A IA permitirá a implementação em larga escala da aprendizagem adaptativa, tornando a educação personalizada mais acessível a diversas populações de estudantes.

- **Aprendizagem ao longo da vida:** A IA apoiará a aprendizagem ao longo da vida, fornecendo percursos e recursos de aprendizagem personalizados para indivíduos de todas as idades e fases da vida.

2. Integração com tecnologias emergentes

A IA integrar-se-á cada vez mais com outras tecnologias emergentes, como a realidade virtual (RV) e a realidade aumentada (RA), para criar ambientes de aprendizagem imersivos e interactivos.

- **Experiências de aprendizagem imersivas:** A RV e a RA combinadas com a IA oferecerão experiências de aprendizagem imersivas que melhoram a compreensão e o envolvimento.

- **Aprendizagem à distância e híbrida:** A IA facilitará os modelos de aprendizagem remota e híbrida, fornecendo apoio e recursos personalizados aos alunos, independentemente da sua localização.

3. Colaboração e aprendizagem entre pares

A IA reforçará a colaboração e a aprendizagem entre pares, ligando estudantes com interesses e objectivos de aprendizagem semelhantes.

- **Ferramentas de colaboração inteligentes:** As ferramentas de colaboração baseadas em IA facilitarão o trabalho em grupo e a aprendizagem entre pares, ajudando os alunos a desenvolver competências de trabalho em equipa e de comunicação.

- **Comunidades de aprendizagem globais:** A IA ligará estudantes de todo o mundo, fomentando comunidades de aprendizagem globais e promovendo o intercâmbio cultural.

4. Melhoria contínua e inovação

A IA impulsionará a melhoria contínua e a inovação na educação, permitindo aos educadores aperfeiçoar as suas práticas de ensino e desenvolver novas abordagens pedagógicas.

- **Percepções baseadas em dados:** A IA fornecerá informações baseadas em dados que informam a conceção pedagógica e o desenvolvimento curricular, conduzindo a estratégias de ensino mais eficazes.

- **Métodos de ensino inovadores:** A IA apoiará o desenvolvimento de métodos de ensino inovadores, como a aprendizagem baseada em projectos e a aprendizagem baseada em inquéritos, que envolvam os estudantes e promovam uma compreensão mais profunda.

Conclusão

A IA está a moldar o futuro da educação, proporcionando experiências de aprendizagem personalizadas, sistemas de tutoria inteligentes, eficiências administrativas e abordando considerações éticas. À medida que a tecnologia de IA continua a evoluir, o seu potencial para transformar a educação e melhorar os resultados da aprendizagem é imenso. Ao abordar os desafios éticos e promover a colaboração, a comunidade educativa pode aproveitar o poder da IA para criar um cenário educativo mais inclusivo, eficaz e inovador.

Capítulo 4: A IA nas finanças: Redefinir a economia

Introdução

A Inteligência Artificial (IA) está a revolucionar o sector financeiro, transformando a forma como as instituições financeiras operam, gerem os riscos e servem os seus clientes. Este capítulo explora o profundo impacto da IA nas finanças, centrando-se em áreas como a negociação algorítmica, a gestão de riscos, o serviço ao cliente, a deteção de fraudes e considerações éticas.

4.1 Negociação algorítmica

A negociação algorítmica envolve a utilização de algoritmos de IA para executar transacções a altas velocidades e volumes, muitas vezes com uma intervenção humana mínima. Esta secção analisa a forma como a IA está a transformar as estratégias de negociação e a dinâmica do mercado.

1. Negociação de alta frequência (HFT)

A negociação de alta frequência utiliza algoritmos de IA para executar um grande número de ordens a velocidades extremamente elevadas, tirando partido das discrepâncias de preços ao minuto.

- **Velocidade e eficiência:** Os sistemas HFT baseados em IA podem analisar dados de mercado e executar transacções em milissegundos, ultrapassando largamente as capacidades humanas.

- **Oportunidades de arbitragem:** A IA identifica e explora oportunidades de arbitragem, onde pequenas diferenças de preço entre mercados podem gerar lucros significativos.

2. Análise preditiva

Os modelos de IA analisam grandes quantidades de dados históricos e em tempo real para prever os movimentos futuros do mercado e informar as estratégias de negociação.

- **Análise do sentimento do mercado:** Os algoritmos de IA analisam notícias, redes sociais e outras fontes para avaliar o sentimento do mercado e tomar decisões de negociação informadas.

- **Reconhecimento de padrões:** A IA identifica padrões e tendências em dados históricos, ajudando os comerciantes a antecipar os movimentos do mercado e a ajustar as suas estratégias em conformidade.

3. Gestão automatizada de carteiras

Os consultores-robô orientados para a IA prestam serviços de gestão automatizada de carteiras, oferecendo conselhos e estratégias de investimento personalizados.

- **Avaliação de risco:** A IA avalia a tolerância ao risco individual e os objectivos de investimento para criar carteiras personalizadas.

- **Reequilíbrio dinâmico:** A IA monitoriza e reequilibra continuamente as carteiras com base nas condições de mercado e no desempenho do investimento.

4.2 Gestão do risco

A IA melhora a gestão do risco, fornecendo avaliações de risco mais precisas e permitindo estratégias proactivas de atenuação do risco.

1. Avaliação do risco de crédito

Os modelos de IA analisam uma vasta gama de dados para avaliar a fiabilidade creditícia de indivíduos e empresas.

- **Fontes de dados alternativas:** A IA incorpora fontes de dados não tradicionais, como a atividade nas redes sociais e o comportamento online, para fornecer uma avaliação de crédito mais abrangente.

- **Modelação preditiva:** A IA prevê a probabilidade de incumprimento através da análise de dados históricos e da identificação de factores de risco.

2. Análise de risco de mercado

A IA ajuda as instituições financeiras a analisar e gerir o risco de mercado, modelando potenciais cenários de mercado e os seus impactos.

- **Testes de stress:** A IA simula condições de mercado extremas para avaliar a resiliência das carteiras e instituições financeiras.

- **Previsão da volatilidade:** A IA prevê a volatilidade do mercado, permitindo que os comerciantes e gestores de risco tomem decisões informadas e se protejam contra potenciais perdas.

3. Gestão do risco operacional

A IA melhora a gestão do risco operacional, identificando e atenuando os riscos associados aos processos e sistemas internos.

- **Deteção de anomalias:** A IA detecta padrões e comportamentos invulgares que podem indicar riscos operacionais, como falhas do sistema ou fraude.

- **Otimização de processos:** A IA optimiza os processos empresariais, identificando ineficiências e recomendando melhorias.

4.3 Serviço ao cliente

A IA transforma o serviço ao cliente no sector financeiro, fornecendo um apoio personalizado, eficiente e acessível através de vários canais.

1. Chatbots e assistentes virtuais

Os chatbots e assistentes virtuais alimentados por AI fornecem apoio instantâneo aos clientes, tratando uma vasta gama de questões e transacções.

- **Disponibilidade 24/7:** Os chatbots baseados em IA oferecem apoio ao cliente 24 horas por dia, garantindo uma assistência atempada.

- **Processamento de linguagem natural (PNL):** A PNL permite que os chatbots compreendam e respondam às perguntas dos clientes em linguagem natural, proporcionando uma experiência de utilizador perfeita.

2. Aconselhamento financeiro personalizado

A IA analisa os dados dos clientes para fornecer conselhos e recomendações financeiras personalizadas.

- **Orçamentação e poupança:** As ferramentas de IA ajudam os clientes a gerir as suas finanças, oferecendo sugestões personalizadas de orçamento e poupança com base nos seus hábitos de despesa.

- **Aconselhamento sobre investimentos:** Os robo-consultores baseados em IA fornecem recomendações de investimento personalizadas, ajudando os clientes a atingir os seus objectivos financeiros.

3. Informações melhoradas sobre os clientes

A IA fornece informações mais aprofundadas sobre o comportamento e as preferências dos clientes, permitindo que as instituições financeiras ofereçam produtos e serviços mais direcionados.

- **Segmentação de clientes:** A IA segmenta os clientes com base em vários factores, tais como padrões de gastos e objectivos financeiros, para fornecer estratégias de marketing e serviços personalizados.

- **Análise preditiva:** A IA prevê as necessidades e os comportamentos dos clientes, permitindo às instituições financeiras abordar proactivamente problemas e oportunidades.

4.4 Detecção e prevenção de fraudes

A IA melhora significativamente os esforços de deteção e prevenção da fraude, identificando e atenuando as actividades fraudulentas em tempo real.

1. Deteção de anomalias

A IA detecta padrões e comportamentos invulgares que podem indicar atividade fraudulenta.

- **Monitorização de transacções:** A IA monitoriza continuamente as transacções para detetar actividades invulgares, sinalizando potenciais fraudes para investigação adicional.

- **Análise comportamental:** A IA analisa o comportamento do cliente para estabelecer padrões de base e identificar desvios que possam sugerir fraude.

2. Verificação de identidade

A IA melhora os processos de verificação de identidade, reduzindo o risco de roubo e fraude de identidade.

- **Autenticação biométrica:** As tecnologias biométricas baseadas em IA, como o reconhecimento facial e a leitura de impressões digitais, permitem uma verificação de identidade segura e cómoda.

- **Verificação de documentos:** A IA analisa e verifica a autenticidade dos documentos de identificação, como passaportes e cartas de condução.

3. Prevenção de fraudes em tempo real

A IA permite a prevenção de fraudes em tempo real, identificando e impedindo actividades fraudulentas à medida que estas ocorrem.

- **Alertas instantâneos:** Os sistemas de IA enviam alertas instantâneos aos clientes e às instituições financeiras quando é detectada uma atividade suspeita, permitindo uma ação imediata.

- **Respostas automatizadas:** A IA pode bloquear automaticamente transacções suspeitas e tomar outras medidas preventivas para mitigar a fraude.

4.5 Considerações éticas e regulamentares

A utilização da IA no sector financeiro suscita importantes considerações éticas e regulamentares que devem ser abordadas para garantir práticas responsáveis e justas.

1. Privacidade e segurança dos dados

A proteção da privacidade dos dados dos clientes e a garantia da segurança dos sistemas de IA são fundamentais.

- **Conformidade regulamentar:** As instituições financeiras têm de cumprir os regulamentos de proteção de dados, como o GDPR e a CCPA, para salvaguardar as informações dos clientes.

- **Medidas de cibersegurança:** A implementação de medidas sólidas de cibersegurança é essencial para proteger os sistemas de IA contra ciberameaças e violações de dados.

2. Transparência e equidade algorítmica

Garantir a transparência e a equidade nos algoritmos de IA é crucial para evitar resultados tendenciosos ou discriminatórios.

- **Explicabilidade:** Os modelos de IA devem ser transparentes e explicáveis, permitindo que as partes interessadas compreendam como são tomadas as decisões.

- **Mitigação de preconceitos:** Devem ser feitos esforços para identificar e mitigar os enviesamentos nos algoritmos de IA, garantindo um tratamento justo de todos os clientes.

3. Utilização ética da IA

É essencial respeitar os princípios éticos no desenvolvimento e na aplicação da IA no sector financeiro.

- **Responsabilidade:** As instituições financeiras devem estabelecer mecanismos claros de responsabilização para resolver questões relacionadas com a utilização da IA.

- **Consentimento do cliente:** Obter o consentimento informado dos clientes ao utilizar os seus dados para análises e decisões baseadas em IA é fundamental para manter a confiança e a transparência.

4. Supervisão regulamentar

Os organismos reguladores desempenham um papel crucial na supervisão da utilização da IA nas finanças e na garantia do cumprimento das normas éticas e legais.

- **Quadros regulamentares:** O desenvolvimento de quadros regulamentares abrangentes que abordem os desafios únicos colocados pela IA nas finanças é essencial para proteger os consumidores e manter a integridade do mercado.

- **Monitorização contínua:** A monitorização e avaliação contínuas dos sistemas de IA por parte dos organismos reguladores ajudam a garantir a sua utilização segura e eficaz.

Conclusão

A IA está a redefinir o sector financeiro, transformando as estratégias de negociação, reforçando a gestão do risco, melhorando o serviço ao cliente e prevenindo a fraude. No entanto, a integração da IA nas finanças também levanta importantes desafios éticos e regulamentares que devem ser abordados para garantir práticas responsáveis e justas. À medida que a tecnologia de IA continua a evoluir, o seu potencial para transformar as finanças e redefinir a economia é imenso. Ao abordar considerações éticas e promover a colaboração entre reguladores, instituições financeiras e criadores de tecnologia, o sector financeiro pode aproveitar o poder da IA para criar um sistema financeiro mais eficiente, seguro e inclusivo.

50

Capítulo 5: IA no sector do entretenimento: Criar novas realidades

Introdução

A Inteligência Artificial (IA) está a transformar a indústria do entretenimento, revolucionando a forma como o conteúdo é criado, distribuído e consumido. Este capítulo explora o profundo impacto da IA em vários aspectos do entretenimento, incluindo a criação de conteúdos, a personalização, os jogos e as considerações éticas. A capacidade da IA para analisar dados, reconhecer padrões e gerar conteúdos está a abrir novas possibilidades e a criar experiências imersivas para audiências de todo o mundo.

5.1 Criação de conteúdos

A IA está a remodelar a criação de conteúdos na indústria do entretenimento, permitindo que artistas, cineastas e músicos produzam conteúdos de alta qualidade de forma mais eficiente e criativa.

1. Argumento e narração de histórias

As ferramentas de IA estão a ser utilizadas para ajudar na escrita de guiões e na narração de histórias, oferecendo novas formas de desenvolver narrativas.

- **Guiões gerados por IA:** Os algoritmos de IA podem gerar guiões através da análise de grandes quantidades de conteúdos existentes, ajudando os escritores no desenvolvimento do enredo e na criação de diálogos.

- **Melhoria do enredo:** A IA pode sugerir reviravoltas na trama, arcos de personagens e enredos com base nas preferências e tendências do público, tornando as histórias mais cativantes.

2. Composição musical

A IA está a revolucionar a composição musical, criando peças originais e ajudando os músicos no processo criativo.

- **Composição algorítmica:** Sistemas de IA como o MuseNet da OpenAI e o Magenta da Google podem compor música em vários estilos e géneros, gerando melodias, harmonias e até composições completas.

- **Criação colaborativa:** Os músicos podem colaborar com ferramentas de IA para experimentar novos sons, melhorar as suas composiçoes e ultrapassar bloqueios criativos.

3. Efeitos visuais e animação

A IA está a melhorar os efeitos visuais (VFX) e a animação, tornando os processos de produção mais rápidos e mais rentáveis.

- **Efeitos visuais automatizados:** Os algoritmos de IA podem automatizar tarefas

complexas de efeitos visuais, como a renderização de ambientes realistas, a
criação de efeitos especiais e a melhoria da qualidade das filmagens.

- **Animação baseada em IA:** As ferramentas de IA podem gerar animações
realistas, reduzindo o tempo e o esforço necessários para a animação manual e
permitindo a criação de personagens mais detalhadas e realistas.

4. Edição e melhoramento de conteúdos

A IA está a simplificar os processos de edição e aperfeiçoamento de conteúdos,
melhorando a eficiência e a qualidade.

- **Edição automatizada:** As ferramentas de edição com tecnologia de IA podem
cortar e juntar filmagens automaticamente, fazer corresponder o áudio ao vídeo
e aplicar filtros e efeitos, poupando tempo aos editores.

- **Restauro e melhoramento:** A IA pode restaurar filmagens antigas ou
danificadas, aumentar a resolução e melhorar a qualidade da imagem,
preservando e melhorando a experiência visual.

5.2 Experiências personalizadas

A IA está a transformar a forma como o público consome conteúdos, oferecendo
experiências altamente personalizadas e imersivas.

1. Sistemas de recomendação

Os sistemas de recomendação baseados em IA estão a melhorar as experiências dos
utilizadores, sugerindo conteúdos adaptados às suas preferências individuais.

- **Recomendações de conteúdos:** Plataformas como a Netflix, Spotify e YouTube
utilizam algoritmos de IA para analisar o comportamento e as preferências dos
utilizadores, fornecendo sugestões de conteúdos personalizados.

- **Descoberta melhorada:** A IA ajuda os utilizadores a descobrir novos conteúdos
que correspondem aos seus interesses, aumentando o envolvimento e a
satisfação.

2. Conteúdos interactivos e imersivos

A IA está a permitir a criação de conteúdos interactivos e imersivos, proporcionando ao
público experiências mais envolventes e participativas.

- **Narração interactiva:** As histórias e os jogos interactivos baseados em IA
permitem que os utilizadores façam escolhas que influenciam a narrativa,
criando uma experiência personalizada e envolvente.

- **Realidade Virtual (RV) e Realidade Aumentada (RA):** A IA melhora as
experiências de RV e RA ao gerar ambientes realistas, reconhecer gestos e
fornecer feedback em tempo real, tornando as interações mais imersivas e

intuitivas.

3. Personalização de conteúdo dinâmico

A IA permite a personalização dinâmica dos conteúdos, adaptando-os às preferências e contextos individuais.

- **Media adaptável:** A IA pode modificar o conteúdo em tempo real com base nas interações, preferências e feedback do utilizador, criando uma experiência de visualização ou audição mais personalizada.

- **Conteúdo sensível ao contexto:** A IA pode ajustar o conteúdo com base no contexto do utilizador, como a localização, a hora do dia e o dispositivo, aumentando a relevância e o envolvimento.

5.3 IA nos jogos

A IA está a revolucionar a indústria dos jogos, melhorando a conceção dos jogos, as experiências dos jogadores e a dinâmica do jogo.

1. Conceção e desenvolvimento de jogos

A IA está a simplificar os processos de conceção e desenvolvimento de jogos, permitindo a criação de jogos mais complexos e envolventes.

- **Geração de conteúdo processual:** Os algoritmos de IA podem gerar níveis de jogo, ambientes e personagens de forma processual, reduzindo o tempo e os custos de desenvolvimento.

- **Teste de jogos:** As ferramentas de teste baseadas em IA podem identificar erros, testar a mecânica de jogo e otimizar o desempenho, garantindo um produto final mais suave e polido.

2. NPCs e oponentes inteligentes

A IA está a melhorar a inteligência e o comportamento das personagens não-jogadoras (NPC) e dos adversários, tornando os jogos mais desafiantes e realistas.

- **Modelação do comportamento:** Os modelos de IA podem simular comportamentos semelhantes aos humanos e processos de tomada de decisão para NPCs, criando interações mais dinâmicas e imprevisíveis.

- **Dificuldade adaptativa:** A IA pode ajustar a dificuldade do jogo em tempo real com base no nível de habilidade do jogador, proporcionando uma experiência de jogo equilibrada e agradável.

3. Análise e personalização de jogadores

A IA analisa os dados dos jogadores para proporcionar experiências de jogo personalizadas e melhorar o design dos jogos.

- **Perfil do jogador:** Os algoritmos de IA podem criar perfis detalhados de jogadores com base no seu comportamento, preferências e estilo de jogo, informando conteúdos e recomendações personalizados.

- **Otimização de jogos:** Os programadores podem utilizar as informações da IA para otimizar a mecânica do jogo, os elementos de design e as estratégias de monetização, aumentando o envolvimento e a satisfação dos jogadores.

5.4 Considerações éticas

A utilização da IA no sector do entretenimento levanta várias questões éticas que devem ser abordadas para garantir práticas responsáveis e justas.

1. Privacidade e segurança dos dados

A proteção da privacidade dos dados dos utilizadores e a garantia da segurança dos sistemas de IA são fundamentais na indústria do entretenimento.

- **Conformidade regulamentar:** As plataformas de entretenimento devem cumprir os regulamentos de proteção de dados, como o RGPD e a CCPA, para salvaguardar as informações dos utilizadores.

- **Anonimização de dados:** A implementação de técnicas de anonimização de dados pode ajudar a proteger as identidades dos utilizadores, permitindo simultaneamente a análise e a personalização dos dados.

2. Preconceito de conteúdo e representação

Garantir a equidade e a representação nos conteúdos gerados pela IA é crucial para evitar resultados tendenciosos ou discriminatórios.

- **Deteção de preconceitos:** Os sistemas de IA devem ser regularmente auditados para detetar preconceitos nas recomendações de conteúdos, na representação de personagens e na narração de histórias.

- **Criação de conteúdos inclusivos:** Devem ser feitos esforços para criar conteúdos inclusivos e diversificados que representem corretamente diferentes culturas, géneros e perspectivas.

3. Propriedade intelectual e direitos de autor

A utilização da IA na criação de conteúdos levanta questões sobre a propriedade intelectual e os direitos de autor.

- **Direitos de propriedade:** A clarificação dos direitos de propriedade dos conteúdos gerados por IA é essencial para proteger os interesses dos criadores e dos programadores.

- **Utilização justa:** O estabelecimento de diretrizes para a utilização justa de conteúdos gerados por IA pode ajudar a equilibrar a inovação e a criatividade com considerações legais e éticas.

4. Implementação ética da IA

É essencial respeitar os princípios éticos na utilização da IA no sector do entretenimento.

- **Transparência:** Os sistemas de IA devem ser transparentes, permitindo aos utilizadores compreender como são feitas as recomendações e personalizações de conteúdos.

- **Responsabilidade:** O estabelecimento de mecanismos claros de responsabilização garante que as partes interessadas possam abordar e resolver questões relacionadas com a utilização da IA.

A IA está a criar novas realidades na indústria do entretenimento, transformando a criação de conteúdos, a personalização, os jogos e as considerações éticas. À medida que a tecnologia de IA continua a avançar, o seu potencial para revolucionar o entretenimento e criar experiências imersivas é imenso. Ao abordar os desafios éticos e promover a colaboração entre criadores, programadores e reguladores, a indústria do entretenimento pode aproveitar o poder da IA para oferecer conteúdos mais envolventes, personalizados e inovadores para audiências de todo o mundo. O futuro do entretenimento está a ser moldado pela IA, prometendo possibilidades excitantes e novas fronteiras para a criatividade e o envolvimento.

Conclusão

A IA está a transformar fundamentalmente os cuidados de saúde, a educação, as finanças e o entretenimento, demonstrando a sua profunda integração na vida quotidiana. Os seus benefícios, desde a melhoria do diagnóstico e da aprendizagem personalizada até à revolução do comércio e à criação de experiências imersivas, realçam o potencial da IA para inovar e melhorar a eficiência em todos os sectores. No entanto, à medida que avançamos, as considerações éticas e regulamentares são fundamentais para garantir a equidade, a transparência e a segurança. Ao promover a colaboração entre as partes interessadas e ao aderir a práticas de IA responsáveis, podemos aproveitar o potencial da IA para criar um futuro mais equitativo, inovador e inclusivo, integrando a IA no tecido das nossas vidas.

Referências

Botvinick, M., Ritter, S., Wang, J.X., Kurth-Nelson, Z., Blundell, C. e Hassabis, D. (2019),

"Reinforcement learning, fast and slow", Trends in Cognitive Sciences, Vol. 23 No. 5.

Boykov, Y.Y. e Jolly, M.-P. (2001), "Interactive graph cuts for optimal boundary and region segmentation of objects in N-D images", Proceedings of International Conference on Computer Vision, Vancouver, Vol. 1.

Bu, H.-G., Wang, J. e Huang, X.-B. (2008), "Deteção de defeitos em tecidos com base em caraterísticas fractais múltiplas e descrição de dados vectoriais de apoio", Engineering Application of Artificial Intelligence, Vol. 22.

Carvalho, V., Soares, F. e Vasconelos, R. (2009), "Técnica baseada em inteligência artificial e processamento de imagem: uma ferramenta para parametrização de fios e previsão de tecidos", EEE Conference on

Emerging Technologies and Factory Automation, Palma de Mallorca, pp. 1-4, doi: 10.1109/

ETFA.2009.5347255.

Cay, A., Vassiliadis, S., Rangoussi, M. e Tarakcioglu, I. (2007), "Prediction of the air permeability of woven fabrics using neural networks", International Journal of Clothing Science and Technology, Vol. 19 No. 1.

Chen, P.-W., Liang, T.-C., Yau, H.-F., Sun, W.-L., Wang, N.-C., Lin, H.C. e Lien, R.C. (1998), "Classifying textile faults with a back -propagation neural network using power spectra",Textile Research Journal, Vol. 68 No. 2.

Printed by Books on Demand GmbH, Norderstedt / Germany